Rechtsleitfaden
zum (Freizeit-)Reit- & Pferdesport

stv

Robert Stodulka
Peter Lechner

# RECHTS-LEITFADEN

## zum (Freizeit-)Reit- & Pferdesport

*Für Sachverständige, Ausbilder, Reiter & Pferdehalter*

Leopold Stocker Verlag
Graz – Stuttgart

Umschlaggestaltung: Werbeagentur Rypka, A-8143 Dobl/Graz
Titelbild Vorderseite: Marta Woltosz, Rückseite: Bild 2, 4 und 5: Archiv Prof. Stodulka, Bild 1 und 3: Mag. Saskia Stodulka-Prethaler.
Bildnachweis: Den Bildnachweis finden Sie direkt beim jeweiligen Bild vermerkt.

Bibliographische Information der Deutschen Nationalbibliothek
Die Deutsche Nationalbibliothek verzeichnet diese Publikation in der Deutschen Nationalbibliographie; detaillierte bibliographische Daten sind im Internet über http://dnb.d-nb.de abrufbar.



Hinweis:
Dieses Buch wurde auf chlorfrei gebleichtem Papier gedruckt. Die zum Schutz vor Verschmutzung verwendete Einschweißfolie ist aus Polyethylen chlor- und schwefelfrei hergestellt. Diese umweltfreundliche Folie verhält sich grundwasserneutral, ist voll recyclingfähig und verbrennt in Müllverbrennungsanlagen völlig ungiftig.

Auf Wunsch senden wir Ihnen gerne kostenlos unser Verlagsverzeichnis zu:
Leopold Stocker Verlag GmbH
Hofgasse 5 / Postfach 438
A-8011 Graz
Tel.: +43 (0)316/82 16 36
Fax: +43 (0)316/83 56 12
E-Mail: stocker-verlag@stocker-verlag.com
www.stocker-verlag.com

ISBN 978-3-7020-2258-7


Layout: Werbeagentur Rypka, A-8143 Dobl/Graz

# INHALT

© Mag. Saskia Stodulka-Prethaler

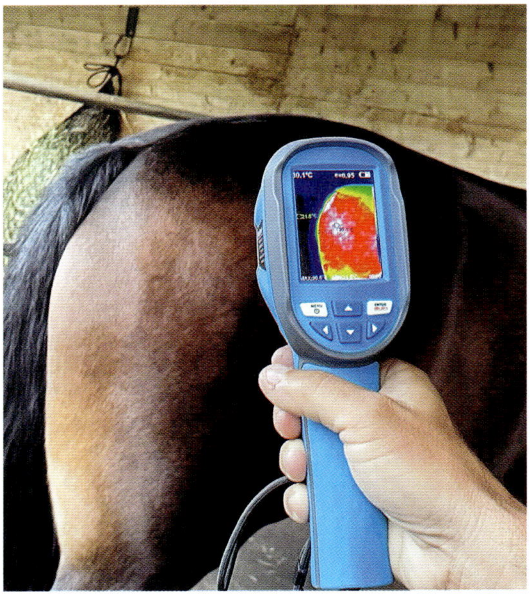


© Archiv Prof. Stodulka

# DANKSAGUNG

Ich möchte mich aus ganzem Herzen bei meinem Mentor, Kollegen und Lehrer Herrn Univ. Lektor VR FTA Mag. Dr. Reinhard Kaun bedanken, der uns dankenswerterweise aus seinem unermesslichen fachlichen und menschlichen Fundus wesentliche Erkenntnisse aus seiner über einem halben Jahrhundert gelebten Praxiserfahrung für dieses Werk kostenfrei und uneigennützig zur Verfügung gestellt hat. Ich danke ihm besonders, diesem großen Visionär und Humanisten, für das Vorleben einer stets makellosen, unverrückbar klaren und auch, wenn notwendig, mutigen Haltung, zu seiner Meinung zu stehen und diese zu vertreten, seine profunde Fachkenntnis und die Inspiration auf vielen Ebenen. *Tempora mutantur et nos mutamur in illis!*[1]

Danke, geschätzter Herr Kollege!

Prof. Dr. Robert Stodulka

# PRÄAMBEL

Das Wohlergehen des Pferdes in Sport, Freizeit, Haltung und Zucht ist stets vor allen anderen und vor allem wirtschaftlichen Interessen von Funktionären, Reitern, Züchtern und Besitzern zu stellen und hat im Einklang mit modernen hippologischen Erkenntnissen und den damit in Verbindung stehenden gesetzlichen Grundlagen (mod. nach OEPS, Pferdesport & Spiel, S. 4) zu stehen.

[1] Die Zeiten ändern sich und wir uns in ihnen.

# EINLEITUNG

Das Pferd begleitet den Menschen schon seit gut 6.000 Jahren auf seinem Weg in die Zivilisation und hat formgebend und maßgeblich unser kulturelles und soziopolitisches Leben ermöglicht und dieses beeinflusst. Vom anfänglichen Fleischlieferanten über die Nutzung als Trag- und Zugtier ließ es sich bald durch die Domestikation und Selektion auf gewisse Merkmale bedingt reiten und ermöglichte so dem Menschen das Überwinden von großen Distanzen. Damit war es maßgeblich an der Besiedelung der Welt beteiligt.

Als Kriegspferd lebensnotwendig, wurde es dann in Renaissance und Barock zu einem stolzen Begleiter der Herrscherhäuser und zum Vergnügen gehalten. Im 19. Jh. musste es mit der Eisenbahn und den Maschinen in Konkurrenz treten und drohte fast durch diese ersetzt zu werden, doch konnte die enge, jahrtausendelang aufgebaute soziale Verbindung zum Menschen dies verhindern. Später, im 20. Jh., wurde es zuerst beim Militär eingesetzt, um dann im Zivilleben wieder als Freizeit- und Sportpartner Zeit mit dem Menschen verbringen zu können. Angelangt im 21. Jh. hat sich ein Paradigmenwechsel im Umgang und Zusammenleben mit dem Pferd eingestellt, den man nicht ignorieren kann.

Das Pferd hat zu seinen ursprünglichen Aufgaben noch mit dem Betätigungsfeld als „Companion Animal", als Freizeitpartner- und Gesellschaftstier, einen neuen Bereich in der Konvivenz[2] mit dem Menschen gefunden, was unmittelbare Auswirkungen auf die Art, wie mit Pferden umgegangen werden soll und muss, gezeitigt hat. Heute steht das Sein mit dem Pferd und dessen Haltungsbedingungen in vielen Bereichen mehr im Vordergrund als die sportliche gymnastische klassische Ausbildung des Pferdes, um dieses möglichst lange gesund und leistungsfähig zu erhalten.

Diese neue Entwicklung steht jedoch nicht zwingend im Kontrapunkt zu einer sportlichen Nutzung des Pferdes, soferne diese im Sinne der die Natur des Pferdes respektierenden klassischen Förderung entspricht. Richtiges Reiten und Trainieren eines Pferdes ist angewandter Tierschutz. Daher soll das Zusammenführen pferdegerechter Haltungs- und Trainingsaspekte nach neuen und auch alten hippologischen Gesichtspunkten das Zusammenleben mit dem Pferd auch im 21. Jh. bereichern und in neuem Lichte erstrahlen lassen.

Ethiker hinterfragen die „Nutzung von Tieren" im Allgemeinen und es wird eine SLO (Social Licence to Operate) verlangt, welche zusätzlich zu den gesetzlichen Rahmenbedingungen des Tierschutzgesetzes (TschG), der Equidenhaltungs-Verordnung (VO) und anderen tradiert hippologischen Grundsätzen und neuesten wissenschaftlichen Ergebnissen das Hippologische Genre vor neue Herausforderungen stellt, welche es im Sinne der Pferde zu lösen gilt.

[2] Zusammenleben

Prof. Stodulka auf dem PRE-Hengst Quilate © Marta Woltosz

Die vorliegenden österreichischen Leitlinien als Rechts- und Praxisleitfaden zum (Freizeit-)Reit- & Pferdesport sollen basierend auf dem österreichischen TschG und der Equidenhaltungs-VO in Anlehnung an die deutsche Leitlinie einen Leitfaden zum pferde- und tiergerechteren Umgang bieten und in erster Linie neben der Haltung die pferdesportlichen Aspekte und die tierschutzkonforme Umsetzung herausarbeiten. Auch wurden der Übersichtlichkeit und Didaktik halber Definitionen und Textabschnitte aus diesem deutschen Leitfaden unter Angabe der Quelle übernommen und, wenn notwendig von den Autoren modifiziert und an die österreichischen Gegebenheiten adaptiert.

Das vorliegende Werk beabsichtigt nicht die Deutsche Leitlinie Pferdesport zu ersetzen, vielmehr stellt diese eine wichtige fachliche Grundlage für die österreichische Betrachtungsweise des hippologischen Geschehens dar.

Da der Rennsport durch andere Verbände geregelt wird, findet er in diesem Text vorerst noch keine Berücksichtigung!

Im Anhang ist noch die fachlich sehr gehaltvolle Equidenhaltungs-VO angelegt, welche diesen Rechtsleitfaden zum Reit- und Pferdesport abrunden und so eine kurze hippologische Zusammenschau bieten. **Denn: Richtiges (pferdegerechtes) Reiten ist angewandter Tierschutz!**

# ANWENDUNGSBEREICH DES RECHTSLEITFADENS

## FÜR (FREIZEIT-)REIT- UND PFERDESPORT SOWIE ALLGEMEINE GRUNDSÄTZE

Das Pferd gilt schon seit Jahrhunderten als „nobelste Eroberung des Menschen“ (Buffon) und die Reitkunst sowie der Reitsport als wichtige Charakter- und Lebensschule für den Menschen. Das Pferd ist seit Jahrtausenden domestiziert und so in einem besonderen soziopolitischen Kontext mit dem Menschen zu sehen. Die klassische Reitlehre wie auch das Pferd haben Jahrtausende miteinander in enger Verbindung unsere gesellschaftliche Entwicklung und die des Abendlandes geprägt.

Tradition ist die Weitergabe des Feuers und nicht die Konservierung der Asche, weshalb sich auch der Reitsport und die Stellung des Pferdes in unserer Welt verändern dürfen, ohne jedoch die Essenz zu verlieren. Die klassische Reitkunst der Spanischen Hofreitschule und der Deutschen Reitlehre sind bereits immaterielles UNESCO Weltkulturerbe, weshalb es auch gilt, diese kulturelle Errungenschaft mit unseren heutigen Pferden zu erhalten und diese zum Wohle des Pferdes einzusetzen, damit dieses viele Jahre lang gesund und leistungsstark mit uns zusammenleben kann.

Aus Angst, etwas am Pferd falsch machen zu können, nicht mehr zu reiten, kann aus fachlicher Sicht auch nicht die Lösung sein. Die Sportverbände und viele selbstständige Ausbilder und Reitmeister unserer Zeit bieten hierfür viele sinnvolle Fortbildungsmöglichkeiten.

Die vorliegende Leitlinie soll eine praktische Richtschnur, gestützt auf die rezenten wissenschaftlichen und hippologischen Erkenntnisse der letzten Jahrhunderte sowie basierend auf der Klassischen Reitlehre, bieten, um das Pferd noch viele weitere Jahrhunderte (freizeit)-sportlich in unserem Lebensumfeld einbinden zu können. Es gilt, das Reiten

Das Pferd begleitet den Menschen seit Jahrhunderten. © Archiv Prof. Stodulka

und den Pferdesport unter Bedachtnahme des Tierschutzes in seiner reinen Form zu erhalten und sie ins nächste Jahrhundert führen zu können, wie dies schon von unseren Vorvätern für uns getan worden war. Im Fokus dieser Leitlinie steht die Nutzung des Pferdes als (Freizeit)Reit- und Sportpartner unter Berücksichtigung sämtlicher tierschutzrechtlicher Rahmenbedingungen.

Es geht in diesem Kontext um den Erhalt eines Kulturgutes (Pferd und Reitkunst/-sport), das es gilt, für die nächsten Generationen zu bewahren, es weiterzuentwickeln und verantwortungsvoll weiterzugeben.

Bei der Nutzung des Pferdes müssen immer der Tierschutz und die Ethik im Vordergrund stehen, denn richtiges Reiten ist angewandter Tierschutz. © Marta Woltosz

# HIPPOLOGISCHE & HIPPOLOGISCH-FORENSISCHE BEGRIFFSDEFINITIONEN

**In diesem Kapitel werden hippologische Grundbegriffe näher erläutert und auch die in der deutschen „Leitlinie für Pferdehaltung und Pferdesport" und „Tierschutz im Pferdesport" (bmel.de) sowie dem Handbuch Pferd und anderer Equiden des österreichischen Bundesministerium für Gesundheit enthaltenen und anzuwendenden Definitionen übernommen, um einen einheitlichen Sprachgebrauch in der Verwendung von hippologischen Fachbegriffen sicherzustellen.**

**Der deutschen Leitlinie wird rechtlich der Status eines antizipierten Sachverständigengutachtens verliehen und dient sohin als Argumentationsgrundlage in Tierschutz- und Haltungsfragen vor Gericht. Sollten aus hippologischer Tradition österreichische Aspekte besondere Berücksichtigung finden müssen, so werden diese entsprechend eingearbeitet.**

Die Dressur ist für das Pferd da und nicht umgekehrt. © Mag. Saskia Stodulka-Prethaler

**Anbindehaltung**[3]: bezeichnet eine Haltung, bei der jedes Tier einzeln auf einem Standplatz durch eine Anbindevorrichtung fixiert ist.

**Absolute/aktive Aufrichtung**: Das Reiten in absoluter/aktiver Aufrichtung steht nicht im Einklang mit der dazu korrespondierenden, in der klassischen Reitlehre geforderten Hankenbeugung, welche je nach Hankenbeugungsgrad eine relative Aufrichtung erzeugt, und ist daher als tierschutzrelevant einzustufen, da wesentliche biomechanische Zentren im Rücken dysfunktional geschaltet werden. Die aktive Aufrichtung ist als Antithese zur Rollkur zu sehen, da diese mit der Hand des Reiters provoziert wird und nicht mehr im Einklang mit der Rückentätigkeit steht.

**Anpassungsphase**: Sukzessive Anpassung des Organismus an die Trainingsarbeit, um Losgelassenheit und direkte Hilfengebung zu

Nur ein in Balance gehendes Pferd kann auch gesund bleiben und wird in seinem Wohlbefinden nicht gestört. © Mag. Saskia Stodulka-Prethaler

[3] Vgl. Handbuch Pferd und andere Equiden, 4. Auflage, S. 10–11

erlernen. Sie stellt die erste Phase der Grundausbildung dar.

**Anlehnung**: Zustand, den das Pferd über die Dehnungsbereitschaft, an die Hand heranzutreten, zur Reiterhand selbst herstellt, wohingegen der Kontakt lediglich als Verbindung der Reiterhand zum Pferdemaul verstanden wird.

**Auslauf**[4]: ist eine vom Stallbereich (zeitweise) getrennte Bewegungsfläche ohne Weidemöglichkeit.

**Autoequilibration**: Selbstbalancefindung auf der Kreisbahn (Longe) und später dann unter dem Reiter unter Zuhilfenahme der Kopf-Hals-Achse als Balancierstange, um das reiterliche Gleichgewicht finden zu können.

**Balance**: Durch das Training erworbener Zustand des Gleichgewichtes, der über die Rückentätigkeit zu einem essentiellen Teil für das gesund zu reitende Pferd in Leichtigkeit verantwortlich zeichnet. Im Gegensatz zum physikalischen Gleichgewicht, bei dem sich ein Objekt lediglich in einem Zustand befinden muss, um nicht umzufallen, was aber in diesem Kontext noch keinem hippologischen Topos zuzuordnen ist.

**Barren**: Tierschutzwidrige Trainingsmethode, die zu erheblichen Schmerzen führt. Ziel ist die Erhöhung der Sensibilität im Bereich der Gliedmaßen durch Anheben der obersten Hindernisstange oder Anschlagen mit einem Gegenstand während des Sprungs (so genanntes aktives Barren) oder durch die Verwendung vom Pferd nicht zu sehender Gegenstände (z. B. dünne Eisenstangen, Drähte) vor, hinter oder über der obersten Hindernisstange (so genanntes passives Barren).

**Beizäumung**: Beugung des Genicks, welche sich im Zuge der Versammlung von selbst einzustellen beginnt, jedoch letztere *nicht* zu erzeugen in der Lage ist.

**Bestrafung**[5]: Der Vorgang, bei dem der Strafreiz einem bestimmten Verhalten folgt, sodass die Häufigkeit (oder Wahrscheinlichkeit) dieses Verhaltens abnimmt (siehe auch positive Bestrafung und negative Bestrafung).

- **Positive Bestrafung (Bestrafung durch Hinzufügen)**: Das Hinzufügen von etwas Unangenehmen, um eine unerwünschte Reaktion zu bestrafen und so die Wahrscheinlichkeit dieser Reaktion zu vermindern. Falsche Anwendung der positiven Strafe kann die Motivation eines Tieres, neue Reaktionen auszuprobieren, reduzieren, zu einer Desensibilisierung gegenüber dem Strafreiz führen und mit Angst/Furcht verknüpfte Assoziationen hervorrufen. Sie entspricht nicht mehr dem jetzigen Stand der Wissenschaft.
- **Negative Bestrafung (Bestrafung durch Wegnahme)**: Das Wegnehmen von etwas Angenehmen (z. B. Futter), um die Wahrscheinlichkeit einer unerwünschten Reaktion zu vermindern und so diese Reaktion auszulöschen.

**Bewegung, freie**[6]: Die freie Bewegung ermöglicht es dem Pferd, die Bewegung im Hinblick auf die Art der Bewegungsabläufe, Richtung und Tempo bzw. Gangart selbstbestimmt auszuführen. Bewegungen, die das Pferd aus eigenem Antrieb ausführt, sind ein Teil seines natürlichen Bewegungsrepertoires und daher für das Pferd mit den geringsten Anstrengungen verbunden.

[4] Vgl. Handbuch Pferd und andere Equiden, 4. Auflage, S. 10–11

[5] Vgl. Tierschutz im Pferdesport. Leitlinien zu Umgang mit und Nutzung von Pferden unter Tierschutzgesichtspunkten, Bmel.de, S. 7, 8, 10, 15 ff.

[6] Vgl. Handbuch Pferd und andere Equiden, 4. Auflage, S. 10–11

Sollst fliegen ohne Flügel und kämpfen ohne Schwert! (Koran) © Mag. Saskia Stodulka-Prethaler

**Bewegung, gelenkte**[7]: Bei einer gelenkten Bewegung werden Bewegungsabläufe, die Art der Bewegung, Tempo und Gangart durch äußere Faktoren beeinflusst bzw. gesteuert; zur gelenkten Bewegung zählen insbesondere das Führen, die Bewegung in einer Führanlage, das Longieren, die Arbeit unter dem Sattel, sportliche Betätigung wie Spring- oder Dressurreiten und das Ziehen von Lasten.

**Blistern**[8]: Aufbringen von chemischen Substanzen mit Reiz- oder Ätzwirkung auf bestimmte Bereiche mit dem Ziel, eine lokale Entzündung zu erzeugen. Tierschutzwidrig ist das Aufbringen dieser Substanzen mit dem Ziel, lokal eine Erhöhung der Sensibilität zu erzeugen.

**Clipping/Clippen**[9]: Kürzen oder Entfernen von Tasthaaren am Kopf des Pferdes. Die Haare in den Ohrmuscheln haben eine sinnvolle Schutzfunktion und dürfen ebenfalls nicht entfernt werden.

**Doping**[10]: Verabreichung von Substanzen an Pferde oder Anwendung verbotener Methoden bei Pferden mit dem Ziel, die natürliche, aktuelle Leistungsfähigkeit, insbesondere bei sportlichen Wettkämpfen oder ähnlichen Veranstaltungen, zu beeinflussen.

**Feinmotorikphase**: 3. Ausbildungsphase in der Medizinischen Reitlehre nach Dr. Stodulka®, in der das Pferd aufgrund fortgeschrittener propiozeptiver Fähigkeiten lernt, die Bewegungen der Hohen Schule auszuführen.

**Fitnesskontrolle**[11]: Sie ist nach Beendigung von Geländewettbewerben (Reiten und Fahren) von Tierärzten durchzuführen. Die Pferde werden auf Lahmheiten, Verletzungen und Überanstrengung kontrolliert.

**Fluchttier**: Pferde sind aufgrund ihrer Biologie Fluchttiere und Beutetiere, die versuchen, bei Gefahr zu fliehen. Dieses Verhalten ist angeboren und auch durch bestes Training nur bedingt modifizierbar.

[7] Vgl. Handbuch Pferd und andere Equiden, 4. Auflage, S. 10–11
[8] Vgl. § 5 TSchG
[9] Vgl. § 5 TSchG
[10] Vgl. § 5 TSchG
[11] Vgl. Tierschutz im Pferdesport

**Forensik**: Sammelbegriff für wissenschaftliche und technische Arbeitsgebiete, in denen kriminelle Handlungen systematisch untersucht und aufgearbeitet werden.

**Ganzjährige Haltung im Freien (ganzjährige Freilandhaltung)[12]:** Dabei werden die Tiere auf einer mit Futterpflanzen bewachsenen landwirtschaftlichen Nutzfläche ganzjährig im Freien gehalten. Die Fläche ist ausschließlich oder zum überwiegenden Teil zum Beweiden der Tiere vorgesehen. Begrifflich abzugrenzen ist die ganzjährige Freilandhaltung vom Weidegang, vom Auslauf und der Offenstallhaltung.

**Geraderichtung**: Fähigkeit des Pferdes, durch systematische Gymnastizierung die natürliche Schiefe zu kompensieren, indem es die schiebenden und tragenden Hinterbeine der einen Seite zu selbigen auf der anderen Seite werden können lässt. Nur durch die systematische Anwendung des Reitens auf gebogenen Linien in 1. und 2. Stellung sowie durch die Seitengänge ist es möglich, diese Fähigkeit zu erlangen. Die natürliche Schiefe ist nicht durch das Reiten im Gelände von A nach B ohne Gymnastik kompensierbar.

Die Versammlung und die Lektionen in der klassischen Reitlehre sind kein Selbstzweck, sondern Mittel zum Zweck. Hier ein Mezair, eine Galoppschule zu zwei Zeiten, das die Hankenbeugung und Federkraft verbessert. © Marta Woltosz

**Gewöhnung (Habituation)[13]**: nachlassende Antwort auf einen wiederholten Reiz, die nicht auf Ermüdung oder sensorische Anpassung zurückzuführen ist.

**Heilverläufe**: In der modernen regenerativen Medizin zielen sie auf eine vollkommene/bestmögliche Wiederherstellung des Zustandes ex ante (wie zuvor) ab. Folgende Heilungsverläufe für die unterschiedlichen Gewebsstrukturen können aus nachfolgender Tabelle für die forensische Einschätzung auf Entstehungszeitpunkt und Ausheilung entnommen werden.

### Durchschnittliche Heilungsdauer von Gewebe und Regenerationstendenz

| Muskelverletzung | |
|---|---|
| Grad 1 | 2–8 Wochen |
| Grad 2 | 2–4 Monate |
| Grad 3 | 9–12 Monate |
| **Bandverletzung** | |
| Grad 1 | 2–8 Wochen |
| Grad 2 | 2–6 Monate |
| Grad 3 | 6–12 Monate |
| Transplantat | 12+ Monate |
| **Sehnenverletzung** | |
| akut | 2–6 Wochen |
| subakut | 2–4 Monate |
| chronisch | 3–9 Monate |
| **Andere Verletzungen** | |
| Einriss, chirurgischer Eingriff, Abriss | 4–12+ Monate |
| Knochenbruch | 6–12+ Wochen |
| Gelenksknorpel | 9–24 Monate |
| Meniskus | 3–12 Monate |

**Hilfe**: Ein Stimulus, der beim Pferd eine erlernte Verhaltensantwort hervorruft. Der Begriff Signal hat eine analoge Bedeutung, ist aber Reit- und Trainingsweisen unabhängiger.

[12] Vgl. Handbuch Pferd und andere Equiden, 4. Auflage, S. 10–11
[13] Vgl. Tierschutz im Pferdesport

Die Medizinische Reitlehre nach Dr. Stodulka® ist ein tierschutzkonformes und zertifiziertes Ausbildungssystem für Pferde.
© Mag. Saskia Stodulka-Prethaler

**Hyperflexion**[14]: Überbeugung des Genicks oder des Halses als Folge des Reitens oder Longierens mit sehr enger und/oder in Richtung Vorderbrust eingerollter Kopf-Hals-Position des Pferdes (so genannte Rollkur).

**Hippologie**: Wissenschaft über das gesamte Pferdewesen und das Pferd: Pferdewissenschaft.

**Hippologische Forensik:** Mit Hilfe kriminologischer Techniken und Rekonstruktionen von Unfällen und Sachverhalten werden das Wissen aus der traditionellen Pferdewissenschaft (Hippologie) vom Sachverständigen in Form seines Gutachtens derart für das Gericht oder den Auftraggeber aufgearbeitet, dass dieses/dieser auf Basis des Sachverständigenbeweises juristische Schlüsse zu ziehen in der Lage ist.

**Klassische Reitlehre**: Unter der Klassischen Reitlehre wird ein althergebrachtes und fundiertes Ausbildungssystem von Pferd und Reiter subsummiert, welches sich an der Natur des Pferdes, dessen Psyche und Physis orientiert und durch den systematischen Trainingsaufbau auch die Gesunderhaltung und das Wohlbefinden des Pferdes positiv unterstützt.

**Kommunikation**: Pferde kommunizieren durch Körpersignale miteinander. Aktionen des Menschen bzw. sein Verhalten rufen daher Reaktionen bei Pferden hervor. Die Hilfen sind dabei das Verständigungsmittel zwischen Mensch und Pferd.

**Konditionierung**[15]: Das schrittweise Erlernen einer Verbindung (Assoziation) zwischen einer Verhaltensweise/Reaktion und einem neuen bestimmten, gesetzten Reiz.

---

[14] Vgl. Tierschutz im Pferdesport

[15] Vgl. Tierschutz im Pferdesport. Leitlinien zu Umgang mit und Nutzung von Pferden unter Tierschutzgesichtspunkten, Bmel.de, S. 7, 8, 10, 15 ff.

- **Klassische Konditionierung**: Dem Tier wird wiederholt ein neutraler Reiz (z. B. ein Geräusch), gefolgt von einem biologisch bedeutsamen Reiz (z. B. ein aversiver Reiz wie ein Schlag oder ein angenehmer Reiz wie Futter), präsentiert, sodass es einen Zusammenhang zwischen diesen Reizen lernt. In der Reiterei ist hierbei besonders der Prozess bedeutsam, bei dem zuvor erlernte Reaktionen durch feinere oder ganz neue Signale hervorgerufen werden (z. B. wenn ein Pferd lernt, auf Stimmkommandos, Sichtzeichen oder Gewichtshilfen zu reagieren).
- **Operante Konditionierung (instrumentelle Konditionierung)**: Der Vorgang, bei dem das Tier etwas aufgrund der Konsequenzen seiner Reaktionen lernt, entweder über positive oder negative Verstärkung (die die Wahrscheinlichkeit eines Verhaltens erhöht) oder durch positive oder negative Strafe (die die Wahrscheinlichkeit eines Verhaltens vermindert).

Ausdruck und Ohren sind auf den Reiter gerichtet – das Pferd ist höchst konzentriert, das Gesicht und die Haltung sind nicht mit einem Schmerzgesicht zu verwechseln.



**Koppel**[16]: eingezäunte Fläche im Freien mit Weidemöglichkeit (unabhängig von der Größe der angebotenen Fläche.

**Leiden**[17]: Leiden sind alle vom Begriff des Schmerzes nicht erfassten Beeinträchtigungen im Wohlbefinden, die über ein schlichtes Unbehagen hinausgehen und eine nicht ganz unwesentliche Zeitspanne fortdauern. Als Leiden bezeichnet werden Einwirkungen und sonstige Beeinträchtigungen des Wohlbefindens, die der Wesensart und den Instinkten des Tieres zuwiderlaufen und vom Tier gegenüber seinem Selbst- oder Arterhaltungstrieb als lebensfeindlich empfunden werden. Leiden können durch Schmerzen verursacht werden, es gibt aber auch immaterielle (psychische) Leiden. Der Begriff „Leiden“ schließt Angst und Distress ein. Die Hirnanatomie zeigt bei niederen und höheren Wirbeltieren große Übereinstimmungen im Hinblick auf die Basalstrukturen und Neurotransmitter, welche Leiden hervorrufen.

**Leitlinien Pferdehaltung & Pferdesport**: Im Bereich der Pferdehaltung und im Pferdesport ist aus Tierschutzsicht insbesondere § 5 des Tierschutzgesetzes sowie die Equidenhaltungs-VO i. d. g. F. maßgeblich.

**Leitsymptom:** ist eine charakteristische Kombination von klinischen Symptomen, welche in ihrer Gesamtheit einen Diagnoseverdacht oder eine gesicherte Diagnose aussprechen lassen, wie z. B. stark geschwollene und abszedierende Lymphknoten als Verdacht für Druse.

**Liegefläche**[18]**:** jener Boxenbereich bzw. Stallbereich, der von den Tieren während der Hauptruhezeit deutlich als (Gruppen-)Liegeplatz bevorzugt wird bzw. der ausgewiesen und konstruktiv für das Liegen vorgesehen ist. Die Liegefläche hat spezifische Anforde-

[16] Vgl. Handbuch Pferd und andere Equiden, 4. Auflage, S. 10–11
[17] Vgl. Handbuch Pferd und andere Equiden, 4. Auflage, S. 10–11
[18] Vgl. Handbuch Pferd und andere Equiden, 4. Auflage, S. 10–11

rungen hinsichtlich der Bodengestaltung und Trockenheit zu erfüllen. In der Boxenhaltung gilt die Boxenfläche als Liegebereich.

**Losgelassenheit**: Zustand physischer und psychischer Gelassenheit, welche erst über die innere Zwanglosigkeit zu einem körperlichen Loslassen führt, wodurch ein tätiger Rücken notwendig wird. Losgelassenheit hat nichts mit einer verlorenen positiven Grundspannung oder mit einer „Auflösung" des Pferdes in eine komplette Spannungslosigkeit zu tun und geht weit über die muskuläre Entspanntheit hinaus.

**Medizinische Reitlehre nach Dr. Stodulka®**: geschütztes und auf Tierschutzkonformität zertifiziertes Ausbildungssystem für Pferde in drei Ausbildungsphasen, das auf biomechanischen, neurophysiologischen und trainingsphysiologischen Grundlagen basiert und traditionell hippologische Grundsätze einbindet.

**Merkmal:** ist ein typisches Anzeichen, an dem man etwas erkennen kann. In der Biologie sind Merkmale in erster Linie auf phänotypische Ausprägungen von körperlichen Erscheinungsbildern ausgerichtet (Exterieur bei bestimmten Rassen, Behaarung, Größen usw.). Auch sind interieurmäßige Eigenschaften, wie besondere Gutmütigkeit z. B. bei Quarterhorses oder Islandpferden, als solche rassebedingt angelegt und würden sich bei deutlichen Abweichungen vom Rassestandard als zuchttechnisch problematisch oder gar wertmindernd auswirken können.

**Natürliche Schiefe**: Körperliche, zumeist myofascial und muskulär bedingte Asymmetrie des Pferdes, welche zu einer diagonalen Überlastung einer Schulter führt infolge der natürlichen Tendenz des Pferdes, ein vermehrt schiebendes und ein vermehrt tragendes Hinterbein als Motor zu nutzen. Nur durch geraderichtende systematische Arbeit, die täglich zu erfolgen hat, ist diese verbesserbar. Eine 100%ige Symmetrie im Pferd ist aus hippologischer Sicht nicht erreichbar.

**Neurektomie**: Chirurgische Durchtrennung von Nerven oder chemisch/physikalische Beeinflussung der Schmerzreizweiterleitung mit dem Ziel, die Funktion und/oder die Schmerzleitung aus dem Einzugsgebiet dieser Nerven zu unterbrechen.

**Offen(lauf)stall**[19]: Gruppenhaltungssystem, bestehend aus Stallfläche und permanent zugänglichem Auslauf (ohne Bewuchs). Andere Synonyme für den Offenstall sind unter anderem Aktivstall oder Bewegungsstall.

**Paddock**[20]: Englisch für Koppel oder Weide. In der Umgangssprache ist aber ein kleiner, meist befestigter Auslauf (oft direkt angrenzend an eine Einzelbox) gemeint.

**Paddockbox**[21]: Einzelbox mit direktem Zugang zu einem Auslauf = Paddock.

**Pferdekontrollen**: Maßnahmen zur Überprüfung von Pferden (Tierarzt und Richter).

**Qualzuchtmerkmal**: ist ein charakteristisches Anzeichen, dessen Ausprägungsform nach wissenschaftlichen Erkenntnissen mit hoher Wahrscheinlichkeit Symptome des § 5 TSchG Abs. 2 lit. 1 zur Folge hat.

**Rangordnung**[22]: hierarchische Ordnung zwischen Mitgliedern einer Pferdegemeinschaft. Das rangniedere Pferd ordnet sich dem ranghöheren Pferd unter. In kleinen Pferde-

---

[19] Vgl. Handbuch Pferd und andere Equiden, 4. Auflage, S. 10–11
[20] Vgl. Handbuch Pferd und andere Equiden, 4. Auflage, S. 10–11
[21] Vgl. Handbuch Pferd und andere Equiden, 4. Auflage, S. 10–11
[22] Vgl. Tierschutz im Pferdesport

gruppen kann oft eine lineare Rangordnung festgestellt werden. In größeren Pferdegruppen bilden sich komplexere Beziehungen zwischen den verschiedenen Tieren aus. Eine klare lineare Rangordnung ist dann nicht mehr zu erkennen.

**Raufutter:** Weide, Grasschnitt, Heu, Stroh, Silage, Heulage.

**Reitertakt**: das Gefühl und Einfühlungsvermögen, im richtigen Moment (Bewegungsphase) zielgerichtet und richtig auf oder neben dem Pferd zu reagieren und dieses dadurch in seinen Bewegungen positiv zu beeinflussen.

**Reitpferd**: Pferd, das die Grundbegriffe des Umganges, wie Stehen, Angebundensein, Beschlagen, kennt und tierarzt- und verladefromm ist, das problemlos Auf- und Absteigen lässt und zu reiten ist. Der Begriff sagt weder etwas über die Qualität der Ausbildung noch über die Rittigkeit des Pferdes aus.

**Rittigkeit**: Eigenschaft des Pferdes, entsprechend prompt und leicht auf die reiterlichen Hilfen zu reagieren

**Rollkur – LDR (Low-Deep-Round)**: Tierschutzwidrige Trainingstechnik, welche durch Überzäumung dem Pferd die Sicht und die Möglichkeit nimmt, den Hals als Balancestange zu nutzen, um mehr Kontrolle über das Pferd zu erlangen. Diese nicht klassische Trainingsmethode zielt auf die Learned Helplessness (Erlernte Hilflosigkeit) ab und degradiert das Pferd zum Sportgerät. Sie stellt die Antithese zum Reiten in absoluter Aufrichtung dar.[23] Ungeachtet dessen konnte in der Studie von Stumpe (2008) festgestellt werden, dass diese Kopf-Hals-Position die Atemwege deutlich einengt sowie Veränderungen in der Durchblutungssituation in der Kopf-Hals-Region nachgewiesen werden konnten, welche thermographisch darstellbar waren. Auch hat Kienapfel (2023) festgestellt, dass Pferde im Zuge des Abreitens auf Turnieren in Rollkurposition deutlichere aversive Muster zeigen als konventionell eingestellte Pferde. Es hat sich auch in dieser Arbeit gezeigt, dass Pferde, welche zuvor in der tierschutzwidrigen Position geritten worden waren, eine höhere Punktezahl im Bewerb erreichten und auch weniger Widersetzlichkeiten zeigten, was als Ergebnis der Learned Helplessness gewertet werden kann.

**Röntgenleitfaden**: Regelwerk zur prognostischen Einschätzung klinischer Auftrittswahrscheinlichkeiten in futuro (Zukunft) von radiologischen Veränderungen von lahmheitsfreien Pferden im Zuge von Ankaufsuntersuchungen. Der RöLF 2007, der noch mit Röntgenklassen I–IV gearbeitet hatte, wird durch den neuen RöLF 2018, der nur mehr zwischen Riskobefunden oder Nicht-Risikobefunden unterscheidet, ersetzt, wobei die Riskobefunde von Fachleuten der Kommision aufgrund der literatur- und erfahrungsgemäßen „Evidenz" als solche eingestuft worden

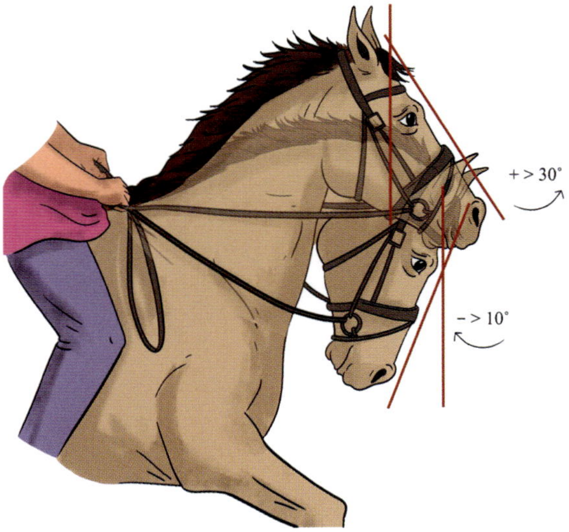


Ungesunde Kopf-Halspositionen – unten Rollkurposition mit Einschränkung der Atemfähigkeit und oben geht das Pferd gegen den Zügel und entzieht sich dem Reiter über die Verspannung der Oberlinie. © Simon and Sons

[23] Vgl. Tierschutz im Pferdesport

sind und die übrigen dzt. ohne „evidenzbasierte" Auswirkungen beschrieben werden.

**Röntgenklassen**: Einstufung von radiologischen Befunden bei lahmfreien (!) Pferden gem. RöLF 2007, um eine prognostische Einschätzung für die spätere Nutzung geben zu können. Die Auftrittswahrscheinlichkeiten wurden in % dargestellt, um die Wahrscheinlichkeit des klinischen Auftrittes zu determinieren. Die Röntgenklassen wurden durch den RöLF 2018 ersetzt, sind aber aus der Sicht der Autoren für die prognostische Einschätzung der Auftrittswahrscheinlichkeiten in der hippologischen Forensik ein probates Mittel, um medizinische Kontexte in einen juristischen Kontext zu bringen.

| Röntgenklasse | Wahrscheinlichkeit für Auftritt von klinischen Erscheinungen |
|---|---|
| I | Idealzustand 0 % |
| I–II | 0,1–0,9 % |
| II | Normabweichung 1–2,9 % |
| II–III | 3–4,9 % |
| III | 5–20 % |
| III–IV | 21–49 % |
| IV | über 50 % |

**Rückengänger**: Als Rückengänger bezeichnet die klassische Reitlehre ein systematisch aufgebautes und durchgymnastiziertes Pferd, das in der Lage ist, mit Hankenbeugung (flexiblen, beugsamen Hanken) weich und geschmeidig über den durchlässigen Rücken an die Hand des Reiters heranzutreten und dabei das Genick als höchsten Punkt sowie die Stirnnasenlinie leicht vor oder an der Senkrechten zu tragen. Diese Pferde zeichnen sich durch harmonische, weiche, jedoch energievolle Bewegungen aus. Er ist das Gegenteil des Schenkelgängers.

**Schaden/Schäden:** Ein Schaden tritt ein, wenn der Zustand eines Tieres sich im Vergleich zum „Normtypus“ nicht nur kurzfristig verschlechtert. Die Abweichung kann den körperlichen Zustand betreffen, aber auch den seelischen, wie es bei Verhaltensauffälligkeiten der Fall ist.

**Schenkelgänger**: Als Schenkelgänger bezeichnet die klassische Reitlehre ein Pferd, das nicht in der Lage ist, reell über den Rücken an die Hand heranzutreten, das Genick und die Kopf-Hals-Position nicht in der klassischen Position trägt und durch die daraus resultierende Spannung des Rückens „spektakuläre“, jedoch biomechanisch inkorrekte und sohin für die Gesunderhaltung des Pferdes nicht mehr zuträgliche Bewegungsabläufe zeigt, welche einen erhöhten Verschleiß bedingen.

**Schmerz**[24]: ist eine unangenehme sensorische und emotionale Erfahrung, die mit einer tatsächlichen oder möglichen Gewebsschädigung verbunden ist oder als solche empfunden wird (International Association for the Study of Pain, 1979). Einig ist man sich, dass zumindest höhere Tiere auf Grund des Aufbaus und der Arbeitsweise ihres Nervensystems und ihres Gehirns den Schmerz ähnlich wie der Mensch empfinden.

**Schwung**: Produkt der Schubkraft plus Rückentätigkeit, welches nur durch ein zuvor vollkommen geradegerichtetes, sprich zu beiden Seiten seitbiegbares Pferd, zu erreichen ist, da die schiebenden und tragenden Hinterbeine der einen Seite durch das systematische Training zu schiebenden und tragenden Beinen auf der anderen Seite werden und somit einen gleich kräftigen Impuls aus der Hinterhand ermöglichen können.

**Spannrückengänger**: Als Spannrückengänger bezeichnet Heuschmann ein Pferd, das in Überzäumung (Hyperflexion) den Widerrist feststellt und mit gespannter Oberlinie das Becken in Streckstellung fixiert.

[24] Vgl. Handbuch Pferd und andere Equiden, 4. Auflage, S. 10–11

**Skala der Ausbildung**: Ausbildungssystem der FN (Deutsche Reiterliche Vereinigung), welches in 6 Stufen die Entwicklung eines Pferdes beschreibt und die Grundlage für die internationale Reiterwelt und auch die OEPS-Pferdeausbildung (OEPS: Österreichischer Pferdesportverband) darstellt: Takt – Losgelassenheit – Anlehnung – Schwung – Geraderichtung – Versammlung sollen zu einem harmonischen und durchlässigen Pferd führen.

**Soring**[25]: Tierschutzwidrige Erhöhung der Sensibilität im Bereich der vorderen Gliedmaßen bei Gangpferden durch Aufbringen von chemischen Substanzen mit Reiz- oder Ätzwirkung und/oder Anbringen von Ketten/Gewichten mit dem Ziel, ein übertriebenes und schnelleres Abfußen der Vorderfüße zu erreichen.

**Stockmaß**[26]**:** Größe eines Tieres, gemessen vom ebenen Boden bis zur höchsten Stelle des Widerristes. Bei beschlagenen Pferden muss 1 cm abgezogen werden = Nettostockmaß.

**Symptom**: Anzeichen einer für eine Krankheit charakteristischen Erscheinung, welche in der Medizin einen großen Stellenwert zum Erstellen einer (Verdachts)-Diagnose in der Symptomkonstellation zeitigen. Der Krankheitswert muss nicht zwingend mit einer Einschränkung des körperlichen Wohlbefindens verbunden sein, sondern kann auch vom Patienten übersehen oder ignoriert werden. Der durch bestimmte Symptome ausgelöste Leidensdruck ist individuell abhängig und korreliert nicht notwendigerweise zwingend mit ihrer Ausprägung.[27]

**Syndrom**[28]: Krankheitsbild, das durch das gemeinsame Auftreten bestimmter charakteristischer Symptome gekennzeichnet ist.

**Takt**: Das räumliche und zeitliche Gleichmaß aller Tritte, Schritte und Sprünge, bei dem das Pferd die natürliche Fußfolge mit tätigem, losgelassenem Rücken erreichen muss, um zu einem hippologischen Terminus technicus werden zu können.

**Tiergefahr:** Es werden die typische und atypische Tiergefahr unterschieden. Zu der typischen Tiergefahr werden alle artenspezifischen Verhaltensmuster gezählt, welche bei Equiden Flucht (Durchgehen), Scheuen, Schlagen, Steigen, Bocken, Treten, Beißen und Abdrängen (Kaltblütern) darstellen. Die atypische Tiergefahr ergibt sich aus der Unvorhersehbarkeit der Verwirklichung der typischen Tiergefahr und kann daher auch in manchen Fällen „schicksalshaft“ verlaufen.

**Toter Winkel**: Bereich vor und hinter dem Pferd, wo das Pferd KEINE Sicht hat, daher herrscht in diesen Zonen höchste Unfallgefahr. Bifokal sieht das Pferd nur nach vorne und monofokal zur Seite.

---

[25] Vgl. Tierschutz im Pferdesport

[26] Vgl. Handbuch Pferd und andere Equiden, 4. Auflage, S. 10–11

[27] modifiziert nach DocCheck Flexikon

[28] Vgl. Pschyrembel

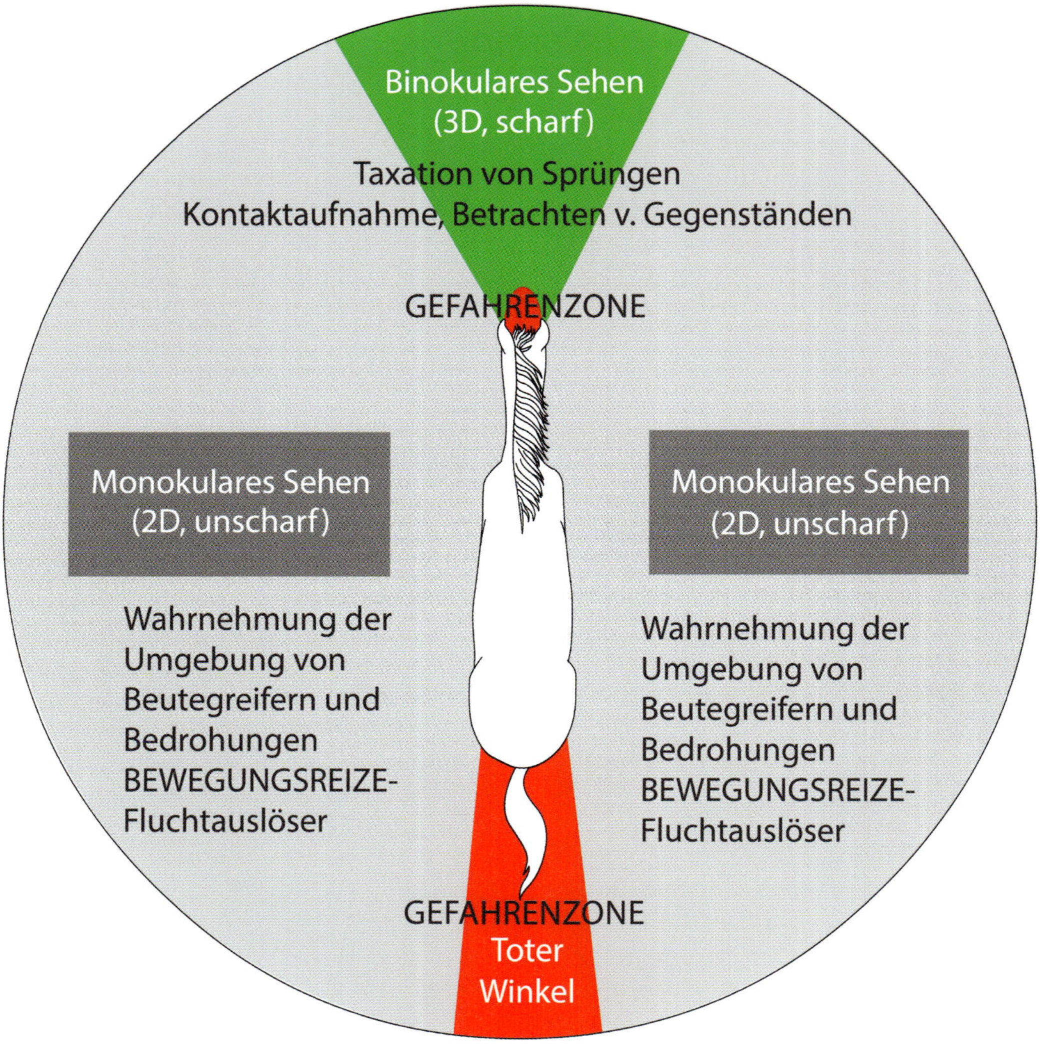


Optische Sichtfelder und Gefahrenzonen des Pferdes © Simon & Sons

**Übergangsphase:** Zweite Trainingsphase der Medizinischen Reitlehre nach Dr. Stodulka®, welche das Erlernen der diagonalen Hilfengebung und das zunehmende Versammeln durch das Geraderichten über das Reiten von Seitengängen ermöglicht und über das Erreichen von Seit- und Längsbiegung zu mehr Rückentätigkeit verhilft. Sie stellt die zweite Ausbildungsphase der Grundausbildung dar, die JEDES Pferd in jeder Sparte benötigt, um gesund zu bleiben.

**Verstärker:** Eine Änderung in den Umgebungsbedingungen des Pferdes, die die Wahrscheinlichkeit erhöht, dass ein Tier eine bestimmte Verhaltensantwort zeigt (d. h. das Hinzufügen einer Belohnung, also eine positive Verstärkung, oder das Entfernen eines unangenehmen Reizes, also eine negative Verstärkung), wie z. B. stärkere Hilfe, Gerte, Sporen, Stimme, Leckerli.

Harmonie und Vertrauen zwischen Mensch und Pferd
© Mag. Saskia Stodulka-Prethaler

**Verstärkung**[29]: Der Prozess, bei dem ein Verstärker einem bestimmten Verhalten folgt, sodass sich die Häufigkeit (oder Wahrscheinlichkeit) des Verhaltens erhöht (siehe auch positive und negative Verstärkung). Relevant für das Durchkommen einer Hilfe ist das richtige Timing.

- **Positive Verstärkung (Verstärkung durch Hinzufügen)**: Die Gabe von etwas Angenehmem (z. B. Futter oder angenehme Berührung), um ein gewünschtes Verhalten zu belohnen und somit die Wahrscheinlichkeit zu erhöhen, dass das Verhalten in Zukunft gezeigt wird.
- **Negative Verstärkung (Verstärkung durch Wegnahme)**: Das Entfernen eines unangenehmen Reizes (wie z. B. Druck, Gertenschlag, Sporenstich, Zügelanzug), um ein gewünschtes Verhalten zu belohnen und somit die Wahrscheinlichkeit der Verhaltensantwort in Zukunft zu erhöhen.

Versammlung und Hankenbeugung entstehen durch den Sitz des Reiters und durch die Zunahme der Energie und nicht durch die Einwirkung der Hand, wie hier im Galopp rückwärts – einer Lektion, die heute längst in Vergessenheit geraten ist und noch vom Autor praktiziert wird, da das Pferd die Veranlagung dazu und Freude an der Ausführung hat. © Mag. Saskia Stodulka-Prethaler

**Versammlung**: Notwendige Konzentration der Kräfte des Pferdes in seiner Körpermitte, um das Reitergewicht gut und gesund tragen zu können. Begleitet ist dieser Zustand von Hankenbeugung, Rückentätigkeit, Aufrichtung und Beizäumung.

**Veterinärmedizin**: Tiermedizin

**Wohlbefinden**[30]**:** Der Begriff „Wohlbefinden" bezeichnet einen Zustand physischer und psychischer Harmonie des Tieres mit sich und mit der Umwelt und geht damit über das bloße Fehlen von Schmerzen und Leiden hinaus. Typische Anzeichen des Wohlbefindens sind Gesundheit und ein in jeder Beziehung normales Verhalten. Wohlbefinden setzt daher neben der physischen und psychischen Gesundheit des Tieres auch eine tiergerechte Haltungsumwelt voraus, die es dem Tier ermöglicht, ein in jeder Hinsicht normales, artgemäßes Verhalten zu entwickeln und auszuüben.

**Zwanglosigkeit:** Die Innere Zwanglosigkeit ist einer der beiden Grundbausteine für die Losgelassenheit, welche erst zu einer körperlichen Losgelassenheit führen kann. Es ist vielmehr die innere Haltung des Pferdes, die über eine Parasympathikotonie[31] zu einem Wohlfühlverhalten führt.

[29] Vgl. Tierschutz im Pferdesport
[30] Vgl. Handbuch Pferd und andere Equiden, 4. Auflage, S. 10–11
[31] Zustand, in dem das Gleichgewicht des vegetativen Nervensystems in Richtung des Parasympathikus verschoben ist

# DAS PFERD ALS SOZIALES WESEN

Pferde sind in Gruppen lebende, soziale Flucht- und Beutetiere, für die Interaktionen zu Artgenossen unerlässlich sind. Ein Fehlen dieser Kontaktmöglichkeiten kann im Umgang mit anderen Pferden, vor allem bei Hengsten, Probleme in ihrem Sozialverhalten und auch Krankheiten und Verhaltensstörungen (Stereotypien, wie z. B. Aggression, Weben, Koppen u. dgl.) verursachen. Das Halten eines einzelnen Pferdes ohne Artgenossen widerspricht dem natürlichen Sozialverhalten der Pferde. Darauf ist nicht nur während der Ausbildung, sondern auch beim gesamten Umgang mit Pferden Rücksicht zu nehmen. Hieraus ergibt sich die besondere Herausforderung in der artgerechten Haltung von Reithengsten in Pensionsbetrieben.

Die biomechanische sowie psychomechanische Konzeption des Pferdes entspricht seiner Eigenschaft als Fluchttier. Die Flucht ist die erste Reaktion des Pferdes auf Angst, Schreck oder Bedrohung und kann das Pferd vor möglichen Schäden bewahren. Beim Um-

Die Haltung von Hengsten erfordert besonderes Fingerspitzengefühl und Sachverstand. © Marta Woltosz

Pferde benötigen Ruhezonen, in denen sie auch tief schlafen können. Diese müssen sehr gut, weich, trocken und verformbar und in ausreichender Menge eingestreut sein. © Heike Pekarz

gang mit Pferden muss dieses angeborene Verhalten berücksichtigt werden. Pferde wegen ihrer Fluchtreaktionen (z. B. Scheuen, Wegspringen, Durchgehen), die dem natürlichen Verhalten von Pferden zuzuordnen sind, zu bestrafen, ist deshalb falsch und verstärkt nur Angst und körperliche Verspannung.

Pferde benötigen auch entsprechende Ruhezonen, in denen sie sich ruhig und entspannt in Seitenlage ausruhen und in die REM-Phase abgleiten können. Die dafür vorgesehenen Liegeflächen müssen ausreichend groß (siehe Equidenhaltungs-VO), trocken, weich und ausreichend tief (Kniefallprobe) eingestreut sein. Eine reine Gummimatten-Liegefläche ist aus ethologischer und verhaltensbiologischer Sicht nicht anzuraten.

REM-Schlafmangel kann sich in massiver Leistungsdepression, narkoleptischen Zuständen (Stürze, plötzliches Zusammenbrechen) und Verhaltensänderungen äußern. Aus diesem Grunde ist dem physiologischen Abliegenkönnen in Boxen bei Gruppenhaltung größte Bedeutung beizumessen.

## SINNE DES PFERDES

Pferde haben Sinnesempfindungen, die von den menschlichen abweichen und daher andere Reaktionen des Pferdes verursachen.

### Sehen

Das Auge des Pferdes ist ca. 8-mal größer als das menschliche Auge und weist eine schlechtere Seh- und Tiefenschärfe auf, sodass das Pferd deutlich schlechter sieht als der Mensch.

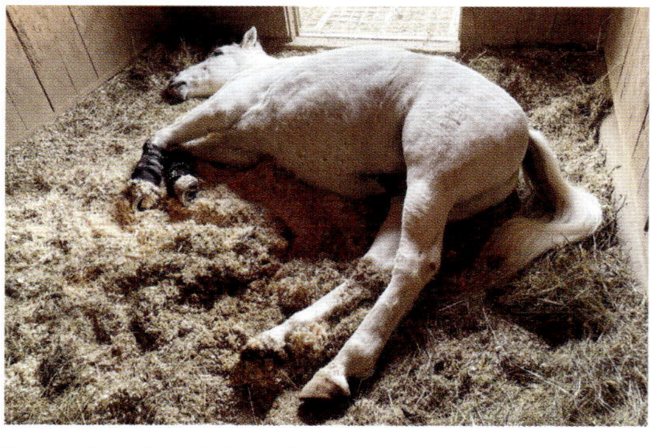

Typisches Anzeichen für die REM-Phase: Das Pferd liegt völlig entspannt in der Seitenlage und kann sich nur so vollkommen ausruhen! © Heike Pekarz

Die Sinne des Pferdes weichen von denen des Menschen ab und sind viel feiner ausgeprägt, weshalb pferdespezifische typische Tiergefahren vom Menschen oft nicht im Vorhinein erkannt werden können.
© Archiv Prof. Stodulka

Das Gesichtsfeld des Pferdes ist aufgrund der Stellung der Augen gegenüber dem des Menschen auf 340° erweitert. Allerdings haben Pferde keine Sicht direkt vor deren Nasen, also unmittelbar vor dem Pferd befindliche Objekte; Gleiches gilt für direkt hinter dem Pferd befindliche Gegenstände. Das Sichtfeld reicht links und rechts von der Außenseite der Nase im Halbkreis bis zu einer gedachten Linie gerade am linken und rechten Hüftknochen vorbei.

## Hören

Auch die Hörfrequenz von Pferden unterscheidet sich erheblich von der des Menschen. Während das Pferd in einem Frequenzbereich von 55–33.500 Hz hört, muss sich der Mensch in einer Frequenz von 20–20.000 Hz orientieren.

Allerdings können aus diesem Grund niedrige Basstöne von Pferden nicht vernommen werden.

## Riechen

Der Geruchssinn von Pferden gleicht beinahe dem guten Geruchssinn von Hunden. Pferde haben am oberen Ende der Nasenhöhle Rezeptoren auf der Riechschleimhaut und weiters das vomeronosale Organ zur Feststellung von Gerüchen.

Das vomeronasale Organ besteht aus zwei jeweils 12–15 cm langen „Schlauchsystemen" unterhalb der Nasenhöhle. Aufgrund dieser Voraussetzungen sind Pferde sogar imstande, Artgenossen und rossige Stuten aus dem Mist zu identifizieren.

Aufmerksam blickt dieser Hengst in die Richtung, aus der er das Geräusch vernommen hat.
©Mag. Saskia Stodulka-Prethaler

# KENNTNISSE UND FÄHIGKEITEN VON PERSONEN – BETREUUNGSPERSONEN

**Gemäß § 14 TschG und § 3 ThV[32] müssen im Umgang und der Haltung von Tieren entsprechend ausgebildete und routinierte Betreuungspersonen in ausreichender Menge und Güte vorhanden sein.**

Die erforderliche Eignung sowie die erforderlichen Kenntnisse und beruflichen Fähigkeiten zur Betreuung von Tieren der Tierarten gemäß § 3 ThV liegen jedenfalls dann vor, wenn:

- die Betreuungsperson über eine einschlägige akademische oder schulische Ausbildung verfügt oder
- die Betreuungsperson über eine Ausbildung als Tierpfleger verfügt oder
- die Betreuungsperson nachweislich über eine außerschulisch-praktische Ausbildung einschließlich Unterweisung verfügt oder
- die Betreuungsperson im Bereich der Teichwirtschaft über eine Ausbildung zum Fischereifacharbeiter oder Fischereimeister verfügt oder
- die Betreuungsperson auf Grund eines Staatsvertrages im Rahmen der europäischen Integration über eine als gleichwertig anerkannte oder zu geltende Ausbildung verfügt oder
- sonst aus dem Werdegang oder der Tätigkeit der Betreuungsperson glaubhaft ist, dass sie die übliche erforderliche Versorgung der gehaltenen Tiere sicherstellen und vornehmen kann und …

Der § 14 TSchG (Stammfassung) führt weiters aus:

*(1) Für die Betreuung der Tiere müssen genügend Betreuungspersonen vorhanden sein, die über die erforderliche Eignung sowie die erforderlichen Kenntnisse und beruflichen Fähigkeiten verfügen. In den Verordnungen gemäß § 11, § 24, § 25, § 26, § 27, § 28, § 29 und § 31 sind die Art und der Umfang sowie der Nachweis der erforderlichen Sachkunde unter Berücksichtigung der Ziele und sonstigen Bestimmungen dieses Bundesgesetzes und der darauf gegründeten Verordnungen zu regeln.*

*(1a) Personen, gegen die ein aufrechtes Tierhaltungsverbot gemäß § 39 Abs. 1 besteht, dürfen nicht als Betreuungspersonen tätig sein.*

*(2) Personen, die Hunde ausbilden und hierfür eine besondere Qualifikation erwerben (tierschutzqualifizierte Hundetrainer), müssen hierfür eine Prüfung durch eine Institution nachweisen, die eine eigene wissenschaftliche Tätigkeit im Bereich Veterinärmedizin, Ethik in der Mensch-Tier-Beziehung und Kognitionsforschung nachweisen kann.*

Diese für Hunde eingeforderte fachliche Qualifikation zur Haltung und Training von Hunden wäre auch aus fachlicher Sicht für den Pferdesport anzudenken und sinnvoll, um ein

32 Tierhalte-Verordnung

Mindestmaß an Fachkompetenz im Umgang mit dem Pferd sicherzustellen.

Der Umgang mit Pferden erfordert Kenntnisse und Erfahrung sowie ein Auge für die eigene Sicherheit und die der Umgebung, da Pferde als Fluchttiere stets unberechenbar und unvorhersehbar zu reagieren in der Lage

Steigen als eine der möglichen Abwehrreaktionen und als Anzeichen von Schmerz und Diskomfort © Simon & Sons

Zu enge Stallgasse, die ein sicheres und ungestörtes Führen eines Pferdes nicht möglich macht, da die Pferde in den Boxen durch die Kettenabsperrung das im Gang befindliche Pferd treiben können. Außerdem: Stolpergefahr bei den Betonfundamenten! © Archiv Prof. Stodulka

sind. Die Kenntnis von eingeschränkten, so genannten „Toten" Sichtfeldern, Monofokaler und Bifokaler Sicht des Pferdes sowie das Wissen um die typische und atypische Tiergefahr im Umgang mit dem Pferd sind von immenser Bedeutung. Unter der typischen Tiergefahr werden Beißen, Drängen, Ausschlagen, Scheuen und Durchgehen sowie Steigen und Bocken gezählt.

Das Ansprechen des Pferdes bei Annäherung (möglichst schräg von vorne, nicht von hinten) ist genauso wichtig wie der ruhige Umgang mit Pferden im Allgemeinen. Die atypische Tiergefahr liegt darin begründet, dass die Gefahr im Augenblick des Eintritts kaum oder nicht vorhersehbar und deshalb auch kaum oder nicht abwendbar ist.

Hastige Bewegungen und laute Geräusche sind zu vermeiden. Der Mensch muss sich auf das reflexartige Reagieren des Pferdes einstellen. Pferde erschrecken leicht durch Geräusche, die außerhalb ihres Sichtfeldes entstehen. Sie haben eine stärkere Sensibilität gegenüber Reizen, wie z. B. Schallwellen (sie hören u. a. auch Ultraschall und Geräusche viel früher als Menschen), Gerüchen und Helligkeitskontrasten. Geräusche über 85 dB sind schon als Stressoren für Pferde zu werten. Normale Gespräche bewegen sich im Bereich von 50 dB. Ist im Umfeld eines Pferdes ein normales Gespräch nicht mehr möglich, kann eine erhöhte stressrelevante Geräuschbelastung angenommen werden. Sie können dadurch spontan ausbrechen und die Flucht ergreifen, ohne dass man damit gerechnet hätte. Das Pferd ist und bleibt in seiner biologischen Konzeption ein Flucht- und Beutetier und dem ist in jedem Moment des Zusammenlebens Rechnung zu tragen. Die Routine und das vermeintliche „immer brave" Pferd stellen die größte Sicherheitsproblematik im hippologischen Alltag dar.

Die Betreuungsperson muss über Drohgebärden von Pferden (z. B. flach angelegte Ohren, Entblößen der Schneidezähne, Zeigen von viel Weiß in den Augen) informiert sein und ihr Verhalten ebenso wie Schmerzen und Schmerzverhalten des Pferdes richtig zu deuten und einzuschätzen verstehen, ansonsten ein hohes Sicherheitsrisiko aufgrund von Missverständnissen in der alltäglichen Kommunikation mit dem Pferd besteht.

Räumliche Voraussetzungen: Gründe für Unfälle bei der Pflege sind sehr häufig beengte Platzverhältnisse, vor allem auf Koppeln und bei falscher Integration, fehlende oder zu geringe Sicherheitsabstände in der Reitbahn und in der Abteilung, im Gelände oder im Straßenverkehr (1 Pferdelänge im Schritt, 2 Pferdelängen im Trab und 3 Pferdelängen im Galopp sind Mindestabstand, um Schlagverletzungen zu vermeiden, ebenso wie ein Mindestseitenabstand von zumindest 1,5–2,0 m beim Überholen) sowie die Unkenntnis der Reitbahnregeln und der branchenüblichen hippologischen Gepflogenheiten.

Dadurch besteht auch die Gefahr, dass die Betreuungsperson gegen eine Wand gedrückt wird, vor allem auch bei Pferden kaltblütigen Einschlages, welche sich gerne mit Passivität und ihrem ganzen Gewicht gegen den Menschen richten, da diese Art des Widerstandes in diesem Pferdetypus sehr häufig zu finden ist, wohingegen bei blutgeprägten Pferden Abwehr sich eher in schnellen fahrigen Bewegungen, Steigen und Ausschlagen zu äußern pflegt. Grundsätzlich sollte die Pflege nicht in den Boxen erfolgen, sondern an dafür vorgesehenen Orten, da die Box zur Privatsphäre gehört, wo das Pferd seine Ruhe haben und finden können soll. Deshalb darf auch kein Putzen oder Behandeln während des Fressens oder auch Beschlagen in der Box stattfinden, da hier meistens, räumlich stark begrenzt, im Falle von einer Abwehrbewegung Verletzungen schneller passieren können.

Optimal ist ein genügend großer Putzplatz mit Sicht auf andere Pferde, rutschfest, gut beleuchtet und mit entsprechenden Anbindevorrichtungen in einer Höhe von zumindest 1,50 m, damit die Pferde nicht in den Strick

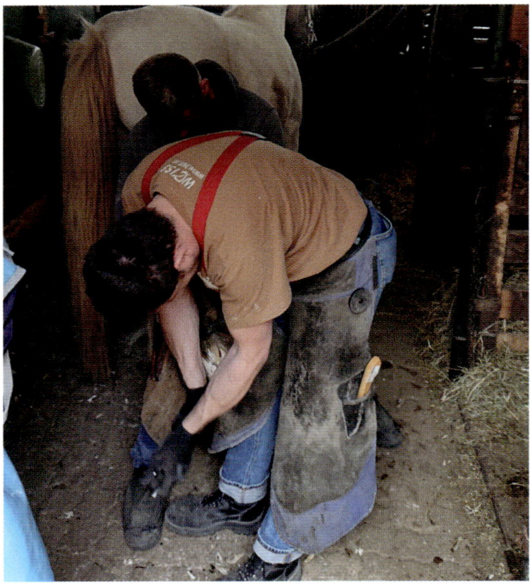

Auch der Hufschmied benötigt für die Anbringung eines fachgerechten Hufbeschlages einen geeigneten Arbeitsplatz mit ausreichender Rangierfläche, rutschfestem Boden und gutem Licht. © Archiv Prof. Stodulka

Dieser Waschplatz ist für Pferd und Reiter sicher. © Archiv Prof. Stodulka

steigen und sich dadurch verletzen können. Auch ist ein zu langes Anbinden i. S von zu langem Strick aus Verletzungsgründen zu vermeiden.

Die Boxentüren sind gegen Zufallen zu sichern, sollten auch von innen zu öffnen sein und den modernen baulichen Anforderungen entsprechen. Weiters ist zu beachten, dass die Arbeitsplätze und Verkehrswege gut ausgeleuchtet sind. Gegenstände, die durch Herab- oder Umfallen das Pferd erschrecken könnten, sind zu sichern oder zu entfernen. Die Böden im Stall sollten rutschhemmend, leicht zu reinigen und frei von Stolperstellen sein.[33]

[33] Vgl. Pferdehaltung, Ausbildung, räumliche und technische Voraussetzungen, Pflege, Führen, Weidehaltung, Schutzausrüstung, SVS

Der Umgang mit Pferden erfordert viel Wissen in der Angewandten Hippologie und Erfahrung, um ein Pferd entsprechend fördern und erhalten zu können. © Mag. Saskia Stodulka-Prethaler

Sicherheitstechnischer Supergau: stehengelassene und ungesicherte Mistgabel, Futtertrog mit Inhalt sowie Strick am Boden – das Verletzungspotential ist hier extrem hoch. © Archiv Prof. Stodulka

# AUSBILDUNG, TRAINING UND NUTZUNG VON PFERDEN UND ANDEREN EQUIDEN

## GRUNDLEGENDES

Unter Ausbildung, Training und Nutzung eines Pferdes versteht man die zielgerichteten Haltungs-, Trainings- und Pflegemaßnahmen, welche die individuelle Leistungsfähigkeit des Pferdes fördern, verbessern, zumindest aber erhalten sollten. Eine psychische und physische Überforderung ist zu vermeiden, da Pferde im Allgemeinen nur ein Aufmerksamkeitsspektrum von 20 Minuten haben und längere Trainingseinheiten lernphysiologisch nicht gut verarbeiten können.

Die klassische Ausbildung orientiert sich an den körperlichen und psychischen Gegebenheiten des jeweiligen Pferdes und setzt dadurch ein individuelles Trainingsmanagement im Sinne der klassischen Reitlehre voraus. Sämtliche Ausbildungssysteme, welche der Natur des Pferdes nicht folgen, sind aus ethologischer, biomechanischer sowie neurophysiologischer Sicht als nicht tierschutzkonform einzustufen, da diese wesentliche Parameter für eine zeitgemäße und pferdegerechte Ausbildung nicht erfüllen. Der Grundsatz, dass die Dressur für das Pferd da sein soll und nicht das Pferd für die Dressur, hat heute aus hippologischer Sicht nach wie

Die Dressur soll für das Pferd da sein, nicht das Pferd für die Dressur. © Mag. Saskia Stodulka-Prethaler

vor größte Priorität. Ein Einhalten dieser klassischen und ethischen Grundsätze würde uns viele unschöne Bilder im Sport und Training ersparen und so dem Wohl der Pferde zugutekommen.

Der bekannte österreichische Doyen der klassischen Reitkunst und Direktor der Spanischen Reitschule Wien Brigadier Kurt Albrecht stellte einmal fest, dass man erst ab der Klasse M von „Dressur" sprechen sollte, denn die vorangegangenen Ausbildungsschritte würden lediglich die für ALLE Pferde notwendige Grundausbildung eines Pferdes JEDER Sparte widerspiegeln. Auch wäre Reitkunst nicht am Schwierigkeitsgrad der Lektion zu bemessen, sondern vielmehr am Übereinstimmungsgrad der Harmonie zwischen Pferd und Reiter! Wie Recht er doch hatte!

Heutzutage sind viele Pferde aufgrund einer fehlenden Grundkondition nicht mehr in der Lage, gesund und lange Leistung zu erbringen, weshalb viele Pferde immer wieder rezidivierende Verletzungsmuster zeigen. Folgt man der Idee der militärischen Brauchbarmachung von Armeepferden, so durchliefen diese eine 2-jährige Grundausbildung, mit 3,5–4 Jahren beginnend (junge Remonte) und 4–5 Jahren endend (alte Remonte) in Bahn (Dressur mit Seitengängen), Gelände und Springen. Dadurch wurde eine sichere Grundlagenausdauer und Fitness über viele Jahre sichergestellt. Erst DANACH (!) wurde eine Spezialisierung in einer Sparte festgelegt. Der Anpassungsphase, welche drei Monate dauerte, folgte die Krauftaufbau- und Ausdauerphase, welche sich in den nächsten Monaten vollzog. Heute übliche „Schnellbleichen" führen zu traumatisierten Pferden und frühzeitigem Verschleiß der Tiere.

Reiter, Ausbilder und Trainer müssen über das notwendige fachliche (praktische & theoretische) Rüstzeug (Betreuungspersonen im Sinne des TSchG und ThV) verfügen. Der Ausbilder muss zu jedem Zeitpunkt Auskunft über das Wie und Warum seines Vorgehens geben können. Korrekturen müssen unmittelbar, für das Pferd verständlich und in einem der Situation angepassten Maß erfolgen. Da die Reitlehrerausbildung zwar staatlich geregelt ist, die Ausübung jedoch frei, werden in gerichtlichen Auseinandersetzungen

Großes Vertrauen zwischen Pferd und Reiter stellt die unumstößliche Basis für eine gedeihliche Zusammenarbeit dar. © Marta Woltosz

stets die Vorgehensweisen der Proponenten an den Ausbildungsmaßstäben eines ausgebildeten Reitlehrers gemessen.

Das mehrfache rückartige Reißen am Zügel im Maul (= Insterburger) sowie das Blutigspornieren und der unverhältnismäßige Einsatz von Gerte und Peitsche sowie auch übermäßiges Strafen haben aus Überlegungen des Tierschutzes (§ 5 TSchG und § 222 StGB) jedenfalls zu unterbleiben.

Da Pferde Herdentiere sind, welche durch eine Hierarchie in ihrem Zusammenleben geprägt sind, ordnen sie sich auch dem Reiter/Ausbilder als Herdenleitung des „Miniherdenverbandes“ unter, sofern dieser dieses Vertrauensverhältnis nicht durch unsachgemäße Handlungen (wie z. B. Verbringen der „Mini-Herde“ in „brenzlige“ Situationen, aus denen sich das Pferd selbst retten muss, unklare Kommandos u. dgl.) beschädigt wird.

Durch unsachgemäße Behandlung verdorbene und dadurch traumatisierte Pferde stellen auch für routinierte Pferdemenschen oft eine große Herausforderung dar und sind in vielen Fällen nicht mehr für jedermann problemlos verwendbar, weshalb die Korrektur von so genannten Problempferden die Königsdisziplin der Pferdeausbildung darstellt und sehr viel hippologischen Sachverständ benötigt.

Werden Ausbildung von Pferd und Reiter entgeltlich angeboten, so gelten die für die fachgerechte Durchführung branchenüblichen Grundsätze der Pferdeausbildung. Ab diesem Zeitpunkt wird der Trainer/Reitlehrer zum Sachverständigen, da er über ein das den durchschnittlichen Menschen erhöhtes Wissen verfügen muss (sollte) und ihn daher eine erhöhte Sorgfaltspflicht im Umgang mit Pferd und Reiter trifft. Deshalb ist es auch aus hippologisch-forensischer Sicht immer notwendig, den Reitunterricht abzubrechen, wenn sich Gefahren vorhersehbar abzuzeichnen beginnen, z. B. ängstlicher Reiter auf nervösem Pferd will nicht galoppieren und kommt dann, weil zum Galoppieren gezwungen, zu Sturz!

Folgende Gesetzesstellen des ABGB sind hierfür relevant:

§ 1320 ABGB („Tierhalterparagraph“)
*(1) Wird jemand durch ein Tier beschädigt, so ist derjenige dafür verantwortlich, der es dazu angetrieben, gereizt oder zu verwahren vernachlässigt hat. Derjenige, der das Tier hält, ist verantwortlich, wenn er nicht beweist, daß er für die erforderliche Verwahrung oder Beaufsichtigung gesorgt hatte.*

*(2) In der Alm- und Weidewirtschaft kann der Halter bei Beurteilung der Frage, welche Verwahrung erforderlich ist, auf anerkannte Standards der Tierhaltung zurückgreifen. Andernfalls hat er die im Hinblick auf die ihm bekannte Gefährlichkeit der Tiere, die ihm zumutbaren Möglichkeiten zur Vermeidung solcher Gefahren und die erwartbare Eigenverantwortung anderer Personen gebotenen Maßnahmen zu ergreifen. Die erwartbare Eigenverantwortung der Besucher von Almen und Weiden richtet sich nach den durch die Alm- und Weidewirtschaft drohenden Gefahren, der Verkehrsübung und anwendbaren Verhaltensregeln. (Stammfassung)*

§ 1299 ABGB („Sachverständigenparagraph“)
*Wer sich zu einem Amte, zu einer Kunst, zu einem Gewerbe oder Handwerke öffentlich bekennet; oder wer ohne Noth freywillig ein Geschäft übernimmt, dessen Ausführung eigene Kunstkenntnisse, oder einen nicht gewöhnlichen Fleiß erfordert, gibt dadurch zu erkennen, daß er sich den nothwendigen Fleiß und die erforderlichen, nicht gewöhnlichen Kenntnisse zutraue; er muß daher den Mangel derselben vertreten. Hat aber derjenige, welcher ihm das Geschäft überließ, die Unerfahrenheit desselben gewußt; oder, bey gewöhnlicher Aufmerksamkeit wissen können; so fällt zugleich dem Letzteren ein Versehen zur Last. (Stammfassung)*

## TRAININGSPHYSIOLOGIE & TRAININGSLEHRE

Pferde sind von ihrer Biologie als Flucht- und Beutetiere konzipiert, weshalb von ihnen stets die equidenspezifische Tiergefahr (Flucht nach vorne und im Falle von einem Nichtflüchtenkönnen Steigen, Bocken, Ausschlagen u. dgl.) trotz bestem Trainings und Vertrauensverhältnisses zu seinem Menschen nicht vollständig verhindert werden kann.

Das Pferd besitzt ein sehr großes Merkvermögen und verknüpft Erinnerungen/Erlebnisse aus der Vergangenheit mit Situationen, weshalb vor allem traumatisierte Pferde für den Reiter oft so unberechenbar erscheinen, da man den Auslöser für ein aversives Verhalten oft nur schwer isolieren und nachvollziehen kann. Deshalb ist aus forensisch-hippologischer Sicht die Kenntnis von möglichen eingesetzten, spartenspezifischen, jedoch verbotenen Trainingsmethoden relevant, um scheinbar „unvorhersehbare" Verhaltensmuster besser interpretieren zu können.

Das Pferd lernt durch oftmaliges Wiederholen (Dauer von 40.000 bis 60.000 Bewegungszyklen, bis eine Automatisierung eines Bewegungsablaufes auf eine Hilfengebung abrufbar erscheint), von kurzen Trainingseinheiten (max. 20 Minuten Konzentrationsspanne), vielen Pausen und positiver Verstärkung im Sinne von Lob.

Gerade die Ausbildung der jungen Remonten benötigt erfahrene, routinierte und ruhige ältere Ausbilder, da in den ersten beiden Jahren der Grundausbildung (junge und alte Remonte) der Grundstein für ein gedeihliches hippologisches Zusammenleben gelegt wird. Fehler, die in dieser Phase z. B. durch Überforderung oder zu rasches Durchlaufen von notwendigen kleinen Etappenzielen in der Ausbildung passieren, führen zu gravierenden Problemen in der späteren Förderung oder können sogar Pferde für den vorgesehenen Gebrauch untüchtig im Sinne von physischen und psychischen Traumata machen.

Die Ausbildung des jungen Pferdes beginnt nicht erst mit 30 Monaten an der Longe oder an der Hand, sondern schon mit der so genannten „Stalldressur" und „Fohlenschule", bei der das junge Pferd das ABC des Umgangs mit dem Menschen erlernt. Hierzu gehören das Anbinden, Führen, Hufeheben und auch das Medical Training. Aus fachlicher Sicht sollte eine schonende Gewöhnung an das Reitergewicht frühestens nach abgeschlossener Autoequilibration (Selbstbalancefindung) der jungen Remonte an der Hand erfolgen.

Junge Remonten, die mit 30 Monaten bereits sorgfältig und ohne diese zu überfordern an der Hand und vom Boden aus leicht angearbeitet werden, werden dann im nachfolgenden Anreiten auch weniger Stress und Probleme zeigen, als Pferde, die diese Vorbereitung in dieser, auch psychischen Entwicklung nicht unbedeutenden Phase nicht absolviert haben. Die langsame, jedoch kontinuierliche Gewöhnung und Anpassung an geänderte körperliche Belastungsmomente müssen immer im Einklang mit der konkreten momentanen Entwicklung des Pferdes stehen. Nach der hippologischen Erfahrung der Autoren ist ein Anreiten einer Remonte mit 3–3,5 Jahren aus fachlicher Sicht der frühestmögliche sinnvolle Zeitpunkt, um ein Pferd weder physisch noch psychisch zu überfordern.

Aus diesem Grunde ist die Ausbildung von Pferden in die Hände von erfahrenen und routinierten Ausbildern zu geben und von „Trainingsexperimenten" aus Überlegungen des Tierschutzes abzuraten, da nur erstere über genügend Erfahrung verfügen, die individuellen Möglichkeiten des jeweiligen Pferdes in den verschiedenen Trainingsphasen einzuschätzen.

Eine alte hippologische Faustregel besagt, dass Pferde nur so oft pro Woche geritten werden sollen, wie sie Lebensjahre zählen.

Die Lektionen der klassischen Reitkunst (Campagneschule und auch Hohe Schule) dienen zur Gymnastizierung des Athleten Pferd, um das Reitergewicht, ohne Schaden zu nehmen, tragen zu können. Es ist daher aus

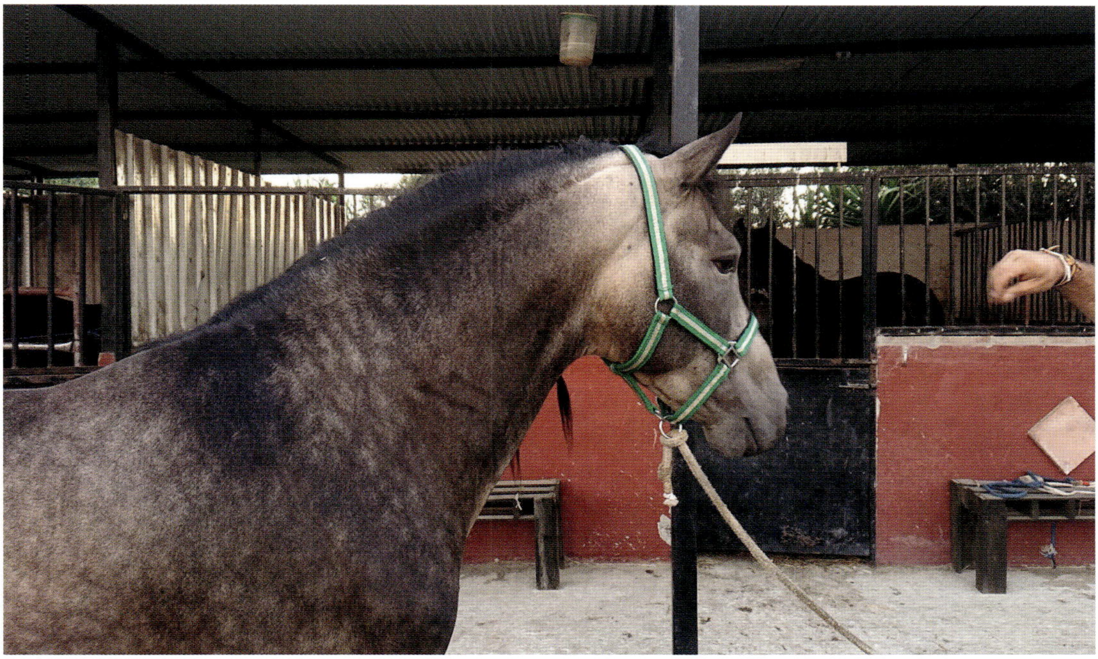

Die Ausbildung des jungen Pferdes beginnt bereits mit dem Fohlen-ABC im Stall und an der Hand.
© Archiv Prof. Stodulka

tierschutzrelevanten Gesichtspunkten keine Gustofrage, ob man ein Pferd, egal in welcher Sparte es eingesetzt werden soll, dressurmäßig nach den klassischen Grundsätzen ausbildet oder nicht. Nur auf dieser Grundlage ist es möglich, es gesund zu erhalten und somit der Idee des Animal Welfare im Pferdesport entsprechend Rechnung zu tragen.

Der heute vielfach beobachtete Trend, Pferde durch physische und psychische Unterforderung „langlebiger" zu halten und sich selbst im Offenstall trainingsmäßig zu überlassen, gipfelt nicht selten in einem „Boring out", wodurch die Pferde sogar in einen psychischen Zustand, ähnlich einer Depression, verfallen können. Auch ist bekannt, dass sich durch Unterbeschäftigung die kognitiven Fähigkeiten rückentwickeln zu beginnen und somit auch die Konzentrationsfähigkeit in der Arbeit leidet.

Pferde sind auch von ihrer Biomechanik als Bewegungstiere konzipiert und müssen daher auch, um gesund zu bleiben, einmal längere Galoppaden im Gelände leisten können und dürfen. Untertouriges Unterbeschäf-

Die Bewegung auf einer Koppel oder einem Paddocktrail ist zu wenig, um später einen Reiter zu tragen. © Archiv Prof. Stodulka

tigen der Pferde, im guten Glauben, den Bewegungstieren nicht zu schaden, führt nicht selten zu Trageerschöpfungen und anderen Zivilisationserkrankungen.

Pferde, welche als Reit- oder Sportpferde genutzt werden sollen, benötigen ein entsprechendes Trainingsregime, da die Bewegungsreize auf einer Koppel oder einem Paddocktrail etc. nicht ausreichende Trainingsstimuli bieten, um später einen Reiter tragen zu können.

Daher ist das richtige Maß der sportlichen (trainingsmäßigen) Belastung des Pferdes an die pferdespezifischen Notwendigkeiten im Hinblick auf die Benutzung des Bewegungsapparates individuell abzustimmen.

## VERTRAUENSBASIS ALS GRUNDLAGE DER TIERSCHUTZKONFORMEN AUSBILDUNG

Vertrauen stellt die unumstößliche Grundlage in der Konvivenz und der Ausbildung von Pferden dar. Das gegenüber dem Pferd erarbeitete Vertrauen darf nicht durch nichtpferdegerechten Umgang zerstört werden, denn einmal zerstört, kehrt es nicht mehr zurück. Viele vermeintliche Korrekturpferde sind durch unsachgemäße Behandlung zu dem geworden, was sie dann sind, und auch in vielen Fällen nur mehr von einfühlsamen

Das Vertrauen und das Wohlbefinden des Pferdes dürfen nicht durch einen nichtpferdegerechten Umgang zerstört werden.
© Archiv Prof. Stodulka

Profis im „Einmannverfahren“ unter gewissen Bedingungen reit- oder nutzbar.

Dieser Umstand ist auch in der prospektiven Einschätzung von Rittigkeitsproblemen und Verhaltensänderungen z. B. nach Kauf entsprechend sachverständig zu berücksichtigen. Rittigkeits- und Verhaltensprobleme können sich sehr rasch oft binnen weniger Tage durch falsches Handling oder Reiten einstellen und ein an sich rittiges Pferd zu einem Problempferd werden lassen. In der Regel sitzt das Problem am und nicht im Pferd! Der bekannte deutsche Reitmeister Egon v. Neindorff pflegte immer, wenn es Reitprobleme mit dem Pferd gab, zu sagen, man möge doch zuerst bei sich zu suchen beginnen, und wenn man nichts gefunden hätte, solle man weiter bei sich suchen, denn das Pferd trüge niemals die Schuld für ein kommunikatives Versagen zwischen ihm und seinem Reiter.

Pferde haben neben ihrem hervorragenden Gedächtnis die Tendenz, angenehme Situationen anzustreben und Unangenehmes zu vermeiden, weshalb die Ausbildung sowohl mit positiven Verstärkern (Lob, Futterlob) als auch mit negativen Verstärkern (Korrektur) funktioniert, sofern diese zeitnah und unmittelbar an die gewünschte resp. unerwünschte Verhaltensweise erfolgen.

Aus hippologischer Sicht macht es Sinn, alle Hilfen und Kommunikationsmuster zwischen Pferd und Reiter/Fahrer so zu etablieren, dass diese dem Prinzip, vom Leichten zum Schweren folgend, vom Boden aus auch in den Sattel oder auf den Kutschbock übernommen werden können.

Nicht nur das junge Pferd, sondern auch der junge Reiter muss die feine Hilfengebung erlernen. Beide brauchen Zeit und Anleitung.

© Archiv Prof. Stodulka

Das Vertrauen des Pferdes zum Reiter und zur Hilfengebung basiert auch auf das Vertrauenkönnen, dass die Hilfen stets gleich und im selben Ablauf gegeben werden. So stellt sich eine Arbeitsroutine ein und das Pferd beginnt die Kommunikationsmöglichkeiten des Menschen richtig zu deuten.

Klare und vor allem konkrete Vorgaben am Boden und vom Sattel aus sind essenziell für eine funktionierende Pferd-Mensch-Beziehung. Pferde sind im Gegensatz zu uns Menschen keine Diplomaten und respektieren und schätzen klare, unmissverständliche Ansagen, genauso wie dies auch im Herdenverband erfolgt.

## LERNEN UND LERNVERHALTEN VON PFERDEN

Lernen ist eine kognitive Fähigkeit, welche durch externe Beeinflussung (Reiz/Stimulus) zu Verhaltensänderungen zu führen in der Lage ist.

Wesentlich hierbei ist, dass jedes Individuum einen artspezifischen Lernprozess in sich trägt, den es gilt, als tierschutzkonform ausbildender Tiertrainer individuell und artgerecht anzusprechen, ohne das Tier dabei physisch wie auch psychisch zu überfordern.

Die reiterliche Hilfengebung ist ein subtil „installierter“ Kommunikationsprozess zwischen Ausbilder und Pferd, der eine feine und zielgerichtete Beeinflussung des Tieres ermöglicht, und basiert auf einer Vereinbarung zwischen Pferd und Reiter. Ziel der klassischen Reitauffassung soll sein, dass das Pferd mit unsichtbaren Hilfen und Einwirkung vom Reiter zu dirigieren ist. Es sollte im Zuge der Ausführung einer Bewegung für den Zuseher der Eindruck entstehen, dass all das Abverlangte vom Pferd ausgehe und der Reiter nur passiv von diesem in dem Bewegungsablauf mitgenommen würde.

Ein kraftvolles „Herausreiten" von Lektionen ist weder klassisch, sinnvoll, gewünscht noch ästhetisch anzusehen und soll unter allen Umständen vermieden werden. Schnell wird die Grenze zur Tierschutzrelevanz überschritten sein und Leiden und Schäden, physischer wie auch psychischer Natur, können erzeugt werden.

Die reiterlichen Hilfen sind für das Pferd nicht intuitiv verständlich, sondern das Pferd muss in seiner Ausbildung die Hilfengebung erst verstehen lernen. Es geht darum, dem Pferd das ABC der Kommunikation mit dem Ausbilder auf pferdeverständliche Art und Weise zu übermitteln. Ausbildung muss immer in kleinen Lernschritten erfolgen. Dabei sind vom Trainer Geduld, Selbstbeherrschung, richtiges Timing, Reitertakt und ein gutes Feeling erforderlich.

Er muss die Anforderungen maßvoll und fair und dabei konsequent und leistungsgerecht gestalten. Pferde lernen nicht nur während des Trainings, sondern auch während des gesamten täglichen Umgangs. Neben der Gewöhnung (z. B. an unbekannte Reize/Situationen) und der klassischen Konditionierung (reflexartige/emotionale Reaktionen werden mit bestimmten Situationen/Reizen verknüpft) spielt bei der zielorientierten Erziehung und Ausbildung von Pferden die „operante Konditionierung" eine bedeutende Rolle.[34]

Dabei lernt das Pferd etwas über die Konsequenz seines eigenen Verhaltens: Ein Verhalten wird häufiger und länger gezeigt, wenn zur Belohnung etwas Angenehmes, wie z. B. Kraulen oder Futterbelohnung, hinzugefügt (= positive Verstärkung), oder etwas Unangenehmes, wie Schenkeldruck oder Zug am Zügel (= negative Verstärkung) entfernt wird. Das Lernen über positive Verstärkung wirkt sich zudem positiv auf die Vertrauensbasis zwischen Mensch und Pferd aus.

Ein Verhalten wird seltener ausgeführt, wenn als Bestrafung auf das Verhalten etwas Unangenehmes, wie z. B. ein Gertenschlag oder ein Ruck am Zügel, hinzugefügt wird (= positive Strafe) oder etwas Angenehmes, wie Aufmerksamkeit oder Futter, entfernt wird (= negative Strafe). Damit Pferde einen Zusammenhang zwischen dem von ihnen gezeigten Verhalten und der darauffolgenden Belohnung oder Bestrafung herstellen können, muss ein unmittelbarer zeitlicher Zusammenhang (1 bis 2 Sekunden) zwischen dem Verhalten und der Reaktion darauf (Verstärkung/Bestrafung) bestehen. Strafe ist gänzlich ungeeignet, um eine nicht erbrachte Leistung oder ein nicht gezeigtes Verhalten zu verbessern. Pferde lernen immer leichter durch positive Verstärkung und dürfen nur in Ausnahmefällen über oben genannte Strafen korrigiert werden, wenn sich z. B. durch ein unerwünschtes Verhalten von Pferden Gefahrensituationen ergeben. Strafen dürfen keine längerdauernden Schmerzen und keinesfalls Schäden verursachen.

Der Versuch, Ausbildungsziele durch Zwang, Bestrafung oder Anwendung von Gewalt zu erreichen, ist tierschutzwidrig und führt nicht zum Erfolg. Vielmehr sind Angst, Enttäuschung oder Frustration die Folge. Emotionale Strafaktionen nach missglücktem Einsatz sind für das Pferd unverständlich und daher tierschutzwidrig.[35]

[34] Vgl. Tierschutz im Pferdesport Leitlinien zu Umgang mit und Nutzung von Pferden unter Tierschutzgesichtspunkten, Bmel.de, Seiten S. 7, 8, 10, 15 ff.

[35] Vgl. modifiziert: Deutsche Leitlinie Pferdesport

## HILFEN ALS KOMMUNIKATIONSMITTEL IN DER PFERDEAUSBILDUNG

Hilfen sind als Kommunikationsmittel zwischen Mensch und Tier zu verstehen, die der Auslösung der gewünschten Reaktionen (Bewegungsmuster) dienen, und stellen immer konditioniert, sprich antrainierte, Verhaltensmuster auf taktile, akustische und visuelle Reize dar. Die Hilfengebung muss hierbei für das Pferd verständlich – da bereits am Boden durch die Handarbeit und Mobilisation ohne Reitergewicht verständlich gemacht –, ruhig und konsequent erfolgen.

Auch in der Ausbildung von Pferden folgt man der Arndt-Schulz-Regel, bei der mit dem geringsten Stimulus das größtmögliche Outcome erreicht werden möchte.

Dabei sind die Hilfen zu minimieren, das heißt, der Zweck soll mit dem geringstmöglichen Aufwand und geringstmöglicher Intensität an Einwirkungen erreicht werden. Hilfen dürfen nicht zu Schmerzen, Leiden einschließlich Ängsten oder Schäden (z. B. Verletzungen) beim Pferd führen. So sind zum Beispiel Schädigungen der Haut in der Schenkellage als Hinweise auf einen nicht fachgerechten Einsatz von Sporen oder auch des Schenkeleinsatzes (abgewetzte Stellen am Pferdebauch) zu werten oder auch die bloße Angst vor der Strafe, welche ein Pferd zu Leistungen veranlasst, die es so nicht von alleine bereit wäre zu geben. So genannte neuzeitliche „Bauchschoner", um den Pferdebauch vor ungewollten Sporenschäden zu schützen, sind im Hinblick auf die Sporenreife, die ein Reiter haben sollte, geradezu grotesk und abzulehnen, da Reiter, die ihre Beine nicht unter Kontrolle haben, sich an der Sitzlonge einen entsprechenden Sitz aneignen sollten und in keinem Fall Sporen tragen dürfen, da diese in diesem Zusammenhang geeignet wären, dem Pferd Schmerzen, Schäden und Leiden zuzufügen.

Gehorsam ist von der Größe und der Rasse unabhängig und für die Sicherheit im Umgang essentiell. © Archiv Prof. Stodulka

Man unterscheidet zwischen Hilfengebung, Einwirkung und Durchlässigkeit, welche schlussendlich zur Rittigkeit des Pferdes führen soll und die bis zu einem gewissen Anteil auch angeboren ist und durch gezielte Trainingsmaßnahmen verbessert werden kann. Das Pferd muss die Hilfe verstanden haben, um dieser entsprechen und diese umsetzen zu können, weshalb die Hilfe immer an der gleichen Stelle gegeben werden soll. Es gibt keine „Reflexareale", welche aus ethologischen oder physiologischen Gründen für bestimmte Lektionen am Pferd verantwortlich zeichnen, sondern lediglich Zonen, welche durch wiederholte Stimulation zu einem Auslöseort von bestimmten Bewegungsmustern und Verhaltensweisen werden können! Die Einwirkung erreicht der Reiter erst dann, wenn durch das richtige Timing der korrekt gesetzten Hilfe, diese auch vom Pferd „durchgelassen" werden kann und auf selbige entsprechend richtig reagiert wird. Ansonsten wurde nur eine Hilfe ohne entsprechende Antwort gegeben.

Ein falsches Timing des Reiters oder ein „Nochnichtverstandenhaben" der Hilfe von Seiten des Pferdes und des Reiters darf keinesfalls zu einer Verstärkung der Hilfengebung führen. Alle Hilfen müssen aus einem unabhängig und zügelunabhängigen Reitersitz kommen. Anders kann das Pferd den Hilfen nicht entsprechen und Leiden, Schmerzen und schwere Angst daraus entstehen.

In der Ruhe liegt die Kraft. © Marta Woltosz

Die klassische Reitlehre unterscheidet schon seit Jahrtausenden zwischen natürlichen (Sitz, Bein, Hand, Balance und Stimme) und künstlichen Hilfen (Gerte, Peitsche, Sporen).

Eine Kommunikation zwischen Mensch und Pferd ist nur dann erfolgreich, wenn die Informationen in einer für das Pferd verständlichen Form vermittelt wurden und die Reaktion des Pferdes darauf richtig interpretiert wird.

Eine Kommunikation zwischen Pferd und Mensch ist in Form einzelner oder kombinierter Reize und Signale möglich – die Reihenfolge hat nichts mit einem prioritären Einschätzen zu tun, sondern ist lediglich dem Alphabet geschuldet:

1. **Akustische Signale/Reize** (z. B. Stimme): Dabei können Stimmhilfen durch unterschiedliche Lautstärken und Tonhöhen verschiedene Bedeutung haben,
2. **optische Signale/Reize** (z. B. Körpersprache, Mimik, Gestik),
3. **taktile Signale/Reize** (z. B. Schenkel-, Gewichts- und Zügelhilfen, Gerten- und Peitschenhilfen, Einsatz von Sporen, Berührungen des Pferdes durch den Menschen).

Voraussetzung erfolgreicher Einwirkung ist die Verständigung durch angemessene Hilfengebung, die sowohl theoretischer Grundkenntnisse als auch konsequenter Übung bedarf. Dabei soll die Reduzierung der Signal- und Reizintensität und damit die stete Verfeinerung der Hilfengebung das wesentliche Ziel der Pferdeausbildung sein.[36]

[36] Vgl. Leitlinie Pferdesport

Wesentlich in dem Kontext der Hilfengebung ist, dass der gelindesten Einwirkung stets der Vorzug zu geben ist. Timing und Lob sowie die Kunst des rechtzeitigen Aufhörens, wenn das Pferd etwas gut gemacht hat, sind die Eckpfeiler eines pferdegerechten und so auch tierschutzkonformen Trainings im Sinne der klassischen Reitlehre. Das Pferd soll quasi durch diese erlangte Feinabstimmung in der Lage sein, unsere „Gedanken" lesen zu lernen und diese in entsprechende Bewegungsabläufe zu transponieren.

Wesentlich bei der Hilfengebung ist, dass der gelindesten Einwirkung immer der Vorzug zu geben ist.

# LEBENS- UND ARBEITS-RAUM UNSERER (FREI-ZEIT-)SPORTPFERDE

Da das Pferd über Jahrtausende vom Menschen domestiziert und für seine Zwecke entsprechend adaptiert wurde, müssen auch die Haltung und das Training des Tieres auf seine physiologischen Bedürfnisse als Bewegungs- und Beutetier abgestimmt werden. Ein nicht oder zu wenig Nutzen des Bewegungsapparates und seiner Atmungsorgane führt nicht, wie allgemein angenommen, zu einer Schonung, sondern vielmehr zu einer Inaktivität, welche zu Zivilisationserkrankungen führen kann.

Pferde müssen, um gesund bleiben zu können, ihrer Bestimmung als Lauftiere entsprechend trainiert werden, wenn sie in menschlicher Obhut sind, da sie nicht 40–60 km täglich mit der Wasser- und Nahrungssuche verbringen müssen.

Ein Unterfordern und Nichtarbeiten gesunder und leistungsbereiter Pferde, die gelegentlich geritten oder gefahren werden sollen, ist aus fachlich hippologischer Sicht als nicht unproblematisch, um nicht zu sagen tierschutzrelevant, anzusehen, da diese Tiere nicht die entsprechende körperliche und trainingsmäßige Anpassung an die sportliche Leistung haben und nicht über die entsprechende Fitness verfügen, um einen Reiter längere Zeit, ohne potentiell Schaden zu nehmen, tragen zu können.

Die reine Weide- oder Koppelhaltung ersetzt *nicht* das sportliche, systematische und tägliche Training, das das Pferd für den Reitdienst entsprechend vorbereitet. Ein Pferd galt beim Militär als austrainiert, wenn es täglich zwei Stunden in der Bahn und zwei Stunden im Gelände reitbar war. Diese Belastungsfähigkeit wurde durch eine 2-jährige Grundausbildung in Bahn und Gelände sichergestellt. Auch wurde entsprechend Kraftfutter verabreicht (zumindest 4 kg Hafer in Ruhezeiten und zwischen 6 und 8 kg im vollen Training).

Die Grundsätze der Tierhaltung im § 13 TSchG (Stammfassung) regeln die grundlegenden Haltungsvoraussetzungen für Tiere, welche in den konkreten Tierhaltungsverordnungen, wie z. B. der Equidenhaltungs-VO, vertieft werden:

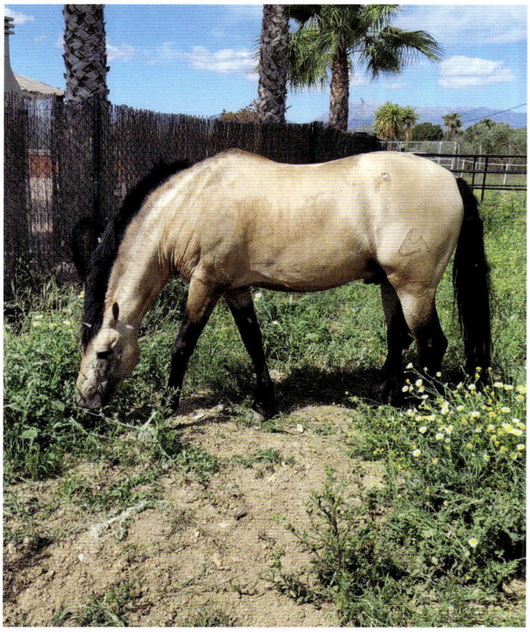

Die reine Weidehaltung ersetzt kein systematisches Training. © Archiv Prof. Stodulka

*(1) Tiere dürfen nur gehalten werden, wenn aufgrund ihres Genotyps und Phänotyps und nach Maßgabe der folgenden Grundsätze davon ausgegangen werden kann, dass die Haltung nach dem anerkannten Stand der wissenschaftlichen Erkenntnisse ihr Wohlbefinden nicht beeinträchtigt.*

*(2) Wer ein Tier hält, hat dafür zu sorgen, dass das Platzangebot, die Bewegungsfreiheit, die Bodenbeschaffenheit, die bauliche Ausstattung der Unterkünfte und Haltungsvorrichtungen, das Klima, insbesondere Licht und Temperatur, die Betreuung und Ernährung sowie die Möglichkeit zu Sozialkontakt unter Berücksichtigung der Art, des Alters und des Grades der Entwicklung, Anpassung und Domestikation der Tiere ihren physiologischen und ethologischen Bedürfnissen angemessen sind.*

*(3) Tiere sind so zu halten, dass ihre Körperfunktionen und ihr Verhalten nicht gestört werden und ihre Anpassungsfähigkeit nicht überfordert wird.*

Training ist die Kunst, die individuellen Leistungspotentiale eines Pferdes durch gezielte Haltungs-, Trainings- und Pflegemaßnahmen zu verbessern, zu fördern oder diese zumindest zu erhalten.

Pferde sind Bewegungs- und Sozialtiere, welche nur in einem entsprechenden Haltungs- und Trainingsumfeld ihre (freizeit-)sportliche Leistung zu erbringen in der Lage sind. Trotz allen gutgemeinten Haltungsverbesserungen in den letzten Jahrzehnten darf man nicht außer Acht lassen, dass Pferde seit mehreren Jahrtausenden domestiziert und für gewisse Einsatzzwecke selektiert worden sind. So sind alte Kulturpferderassen (Lipizzaner, Kladruber, Araber, Lusitano, PRE, Achal Tekkiner, Trakehner, Deutsches Sportpferd, Hannoveraner, Oldenburger uvm.) entstanden, welche in ihren Haltungsanforderungen auch besondere Ansprüche stellen, um ihre volle Leistungsfähigkeit entfalten zu können.

Da der Trend zur Gruppenhaltung sehr groß ist, müssen aus tierschutzrelevanter

Ein Reitplatz mit ganzjährig bereitbarem Belag ist die Grundlage für ein gesundes Pferdeleben. Ohne geeignete Trainingsbedingungen sind Pferdetraining und Ausbildung nicht möglich. © Marta Woltosz

Sicht folgende Punkte exakter Beurteilung unterzogen werden, um den Pferden aus ethologischen und hippologischen Überlegungen gerecht werden zu können:

- Stabile und gut integrierte soziale Struktur (kein ständiger Wechsel und zu große Gruppen).
- Ausreichende Ausweichmöglichkeit innerhalb der Gruppe (Platzangebot)
- Ausreichendes Futterangebot, auch Kraftfutter (vor allem im Winter-Energiedefizit), individuelle Rationsgestaltung sowie getrennte Fütterung und Medikamentengabe müssen möglich sein.
- Enrichement[37] und freies Sichtfeld, evtl. mit Paddock, bei Boxenhaltung von Hengsten

Eine pferdegerechte Aufstallung stellt eine bedarfsgerechte Fütterung und auch das Wohlbefinden sicher. © Marta Woltosz

**Wichtig!**
**Nicht jedes Pferd ist in jede Herde/Gruppe integrierbar!**

**Die Integration muss stufenweise und über Wochen und Monate sehr engmaschig (im 3-Stunden-Takt) kontrolliert erfolgen. Zuerst muss das Pferd in einer Integrationsbox/Abteil und dann stufenweise mit anderen Pferden einer Gruppe vergesellschaftet werden. Es ist als Kunstfehler anzusehen, ein Pferd ohne Vorbereitung sofort in die Gruppe zu stellen. In den ersten Stunden des Zusammenstellens muss zumindest eine erfahrene Betreuungsperson vor Ort sein, um das zu integrierende Pferd im Gefahrenfall wieder aus der Herde zu nehmen. Ständige kurzfristige Mitgliederwechsel in einer gut eingespielten Herdenstruktur sind zu vermeiden.**

**Hier gelten auch für die Integration die § 1299 ABGB (Sachverständigenhaftung) und § 1320 ABGB (Tierhalterhaftung/Verwahrung), welche im Falle von Unfällen recht schnell zu Haftungsansprüchen führen können!**

Nicht jeder Hengst ist für eine Vergesellschaftung in der Gruppe oder in der Herde integrierbar. Das hippologische Fingerspitzengefühl ist hier stark herausgefordert. Auch sind für die Haltungsanlagen entsprechende erhöhte Sicherheitsmaßnahmen notwendig, um Koppelumzäunungen „hengsttauglich“ zu machen. Ausreichende Höhe (mind. 1,50–1,60 m), Stabilität, Festigkeit, Sichtbarkeit, funktionierende Stromlitzen und Distanz zu anderen Pferdegruppen sowie ausreichendes Beschäftigungs- und Futterangebot sind von entscheidender Bedeutung.

Eine sachgerechte Aufstallmöglichkeit zur Verabreichung von ausreichend Kraftfutter zur bedarfsgerechten Deckung von Energie-

[37] Bereicherung der Lebensumgebung durch Setzen gezielter Trainings- und Beschäftigungsreize in einer Haltungsform

quellen für das (freizeit-)sportliche Training ist unabdingbar, um leistungsgerecht füttern zu können.

Ebenso gefordert ist ein trockener und windfreier, weicher und gut eingestreuter Liegebereich mit ausreichender Saugfestigkeit und Griffigkeit. Hierzu kann die so genannte „Knieprobe" dienen, bei der man sich aus dem Stand auf die Knie fallen lässt. Dadurch können die Stoßdämpfung und der Liegekomfort getestet werden für den Fall, dass dieser in Frage gestellt wird. Liegeflächen aus reinen Gummimatten oder anderen „Nichtstreuvarianten" sind aus hippologischer und evidenzbasierter Sicht nicht geeignet, Einstreu zu ersetzen. Sehr häufig werden hier REM-Schlafmangel mit daraus resultierender „Narkolepsie" künstlich entwickelt, welches aus Sicht des Tierschutzes höchst problematisch anzusehen ist. Auch müssen genügend Flächen zu unbehindertem Abliegen und Aufstehen für ALLE Tiere sichergestellt sein.

Regelmäßiges, mehrmaliges und systematisch sportliches Training (Reiten, Fahren, Longieren) und freie Bewegung der Pferde sind die Grundlage für ein gesundes und langes Pferdeleben. Gemäß einem Deutschen BGH[38]-Urteil wird unter dem Begriff „ausreichend" zumindest eine 3–4-stündige freie Bewegung OHNE Trainingscharakter zeitlich determiniert.

Geeignetes Betreuungspersonal zur medizinischen und täglichen Versorgung der Tiere muss 7 Tage die Woche bzw. 365 Tage im Jahr sichergestellt sein.

Ein Reitplatz mit ganzjährig bereitbarem Belag in den üblichen Dimensionen (zumindest doppelte Länge der kurzen Seite) stellt das sportliche Training auch im Winter sicher, was für die Gesunderhaltung eines Pferdes grundlegend notwendig ist. Der Muskelabbau beginnt bereits 2 Wochen nach Inaktivität, ebenso die Faszienverfilzung: „Wer rastet, der rostet" hat tatsächlich eine myofasziale Grundlage, da sich die Faszienstrukturen ab der zweiten Woche der Inaktivität strukturell zu verändern und zu „verfilzen" beginnen, sodass tatsächlich mechanische Bewegungsrestriktionen durch Nicht-Benutzung auch elektronenmikroskopisch darstellbar werden.

[38] Bundesgerichtshof

Stabile Umzäunungen sind für die Hengsthaltung unumgänglich und werden auch vom Gesetzgeber zur sachgerechten Verwahrung von Pferden vorausgesetzt. © Archiv Prof. Stodulka

# AUSBILDUNGSBEGINN, EINSATZ UND SPORTLICHER EINSATZ

Der Umgang mit dem domestizierten Hauspferd gehört zur Ausbildung im weitesten Sinne und beginnt schon in den ersten Lebenstagen mit der so genannten „Fohlenschule". Durch den regelmäßigen Kontakt des Menschen mit der Mutterstute und dem Fohlen wird dieses an den Umgang mit dem Menschen gewöhnt. Eine vertrauensvolle Bindung und eine intensive Beschäftigung mit der Mutterstute wirken sich positiv auf die Beziehung zwischen Fohlen und Mensch aus.

Ist das Fohlen mit dem Menschen vertraut, wird es an das Putzen, an das Halfter, das Führen, erste Hufpflegemaßnahmen u. a. gewöhnt. Es wird empfohlen, das Fohlen schrittweise an eine Trennung von der Stute zu gewöhnen. Die freie Bewegung im Herdenverband ist die beste Möglichkeit, die jungen Pferde auf die spätere Nutzung vorzubereiten. Für eine ungestörte Entwicklung spielt der Kontakt mit altersgleichen Artgenossen in der Gruppe eine bedeutende Rolle. Das Fehlen eines Artgenossen als Spielpartner kann zu Störungen des Sozial- und Sexualverhaltens führen.

Gegen ein freies Mitlaufen des Fohlens bei der Nutzung der Mutterstute ist in sicherer Umgebung (und nur dort!) nichts einzuwenden. Insgesamt sind die einzelnen Lernschritte und Maßnahmen dem Alter, Entwicklungs- und Ausbildungsstand des einzelnen Pferdes anzupassen. Es darf altersentsprechend allerdings nicht überfordert werden. Erholungs- und Ruhephasen sind entsprechend sicherzustellen.

Wie bereits eine alte hippologische Faustregel besagte, sollen junge und alte Remonten pro Woche nur so oft geritten werden, wie alt sie sind (3-Mal pro Woche beim Dreijährigen, 4-Mal pro Woche beim 4-jährigen; das ausgewachsene Pferd ab 7 Jahren kann täglich geritten werden). Entsprechende Trainingsarbeit am Boden durch Longen- und Handarbeit komplettieren einen sinnvollen Trainingsaufbau eines jungen Pferdes, der nach zwei Jahren mit einer abgeschlossenen Grundausbildung eine ausreichende körperliche Belastungsfähigkeit für seine spätere Spezialisierung in einer Sparte geschaffen hat.

Gezieltes Training, wie z. B. Freispringen, hat altersangepasst zu erfolgen und ist für Fohlen und Jährlinge nicht entwicklungsgerecht (zumindest muss der abgeschlossene Schluss der Wachstumsfuge am Unterarm mittels Röntgen sichergestellt sein) und deshalb tierschutzrelevant.

Der Beginn der zielgerichteten Ausbildung zum vorgesehenen Nutzungszweck ist für Pferde, insbesondere Jungpferde, mit physischen und psychischen Belastungen verbunden. Deshalb sind Veränderungen (z. B. Veränderung der Haltungsbedingungen, Einwirkung neuer Umweltreize, Umstellung der Fütterung, neue Gruppenzusammensetzung) schonend und schrittweise durchzuführen. Insbesondere auch bei einem Stallwechsel in den neuen Trainingsstall sollten abrupte Veränderungen der Haltungsbedingungen vermieden werden. Täglich mehrstündige freie Bewegung und ein ausreichendes Angebot an Raufutter sind sicherzustellen.

Der Kappzaum ist für die Ausbildung und Sicherheit ein unverzichtbares Trainingstool.
© Mag. Saskia Stodulka-Prethaler

Es wird empfohlen, auch hier die Pferde in Gruppen (≥ 2 Pferde) zu halten. Ist Einzelhaltung erforderlich, sollte die tägliche freie Bewegung vorzugsweise gemeinsam mit wenigstens einem Artgenossen erfolgen. Jungpferde (bis 30 Monate) müssen in Gruppen gehalten werden. Abweichungen von der Gruppenhaltung dürfen bei Jungpferden nur in Ausnahmefällen erfolgen, z. B. wenn sie sich als nachweislich unverträglich erweisen (siehe „Leitlinien zur Beurteilung von Pferdehaltungen unter Tierschutzgesichtspunkten" und Österreichische Equidenhaltungs-Verordnung).

Der Beginn der Ausbildung muss sich an dem jeweiligen Entwicklungsstand des Pferdes und seinem Leistungsvermögen orientieren. Die Entwicklung muss so weit fortgeschritten sein, dass sie durch die Leistungsanforderung nicht mehr beeinträchtigt wird. Darüber hinaus soll jeder Lernabschnitt in derart kleinen und für das Pferd leicht verständlichen Schritten erfolgen, dass er vom Pferd erfolgreich absolviert werden kann. Bei der Gewöhnung an Zaumzeug, Longe, Sattel, Geschirr, Fahrzeug etc. vor Beginn der zielgerichteten Ausbildung zum vorgesehenen Nutzungszweck muss auf ein einfühlsames und behutsames Vorgehen geachtet werden. Das Pferd gibt auch hier wieder den notwendigen Zeitrahmen dafür vor.

Wenn Leistungen von einem Pferd abverlangt werden, ist zudem die individuelle Trag- und Zugbelastbarkeit zu berücksichtigen. Physische und psychische Überlastung durch zu häufiges, zu intensives und/oder zu einförmiges Training (z. B. zu schwere Reiter, zu langes Longieren in höheren Gangarten, zu viele Wiederholungen von Übungsabläufen, zu viele Sprünge u. dgl.) sind in jedem Fall zu vermeiden. Bei der Ausbildung und beim Training ist zudem auf einen für die jeweilige Pferdesportdisziplin geeigneten Boden und eine fachgerechte Hufkorrektur oder Hufbeschlag zu achten, um Schäden beim Pferd in Zukunft zu vermeiden.[39]

Pferde früher als im Alter von 30 Lebensmonaten in die zielgerichtete Ausbildung zum vorgesehenen Nutzungszweck zu nehmen, verletzt in der Regel die dargestellten tierschutzkonformen Grundsätze einer pferdegerechten und vor allem im Einklang mit dem TSchG stehenden Ausbildung eines jungen Pferdes, sodass körperliche und psychische Schäden nicht ausgeschlossen werden können. Es kann je nach Rasse, physischer und psychischer Entwicklung des Pferdes sowie dem angestrebten Ausbildungs- und Nutzungszweck ein längeres Abwarten geboten sein (vor allem bei so genannten „spätreifen Rassen", wie z. B. Lipizzaner, PRE, Lusitano u. dgl.), um Verletzungen und Schäden und auch psychische Überforderung, die durch einen zu frühen Ausbildungsbeginn und zu viel Druck im Ausbildungsprozess entstehen können, zu vermeiden.

Im Zweifelsfall ist ein Gutachten durch einen einschlägig auf Pferde spezialisierten (Fach-)Tierarzt zur Untersuchung der körperlichen Leistungsfähigkeit hinzuzuziehen. Dies erfolgt in der Regel durch Röntgenuntersuchung und Evaluierung des Epiphysenfugenschlusses[40] des Unterarmes bei jungen Vollblutrennpferden, ob diese ins Training und auch ins Rennen genommen werden dürfen.

Sind diese noch nicht geschlossen, dürfen die Pferde noch nicht ins Training resp. voll belastet werden. Diese Vorgehensweise wäre auch bei Reitpferden sinnvoll, wenngleich der spätere Trainingsbeginn aus hippologischer Sicht sinnvoll wäre.

Ungeachtet des Umstandes des Epiphysenfugenschlusses stellt sich auch immer mehr die ethische Frage nach der sportlichen Frühnutzung von Pferden, welche auch stets im ökonomischen Kontext zu sehen sein wird.

[39] Leitlinie Pferdesport

[40] Wachstumsfugen

Diese kann vor allem bei bekannten Erbdefekten, durch Linienzucht verursacht (PSSM2, EVCM, Rezidivierende Uveitis, Taubheit u. dgl.), auch eine genetische sowie tiefergehende radiologische Evaluierung der Jungpferde nötig machen, um dem § 5 TSchG Abs. 2 zu entsprechen.

*§ 5 TSchG (2) (Stammfassung)*
*Es ist verboten Züchtungen vorzunehmen, bei denen vorhersehbar ist, dass sie für das Tier oder dessen Nachkommen mit Schmerzen, Leiden, Schäden oder Angst verbunden sind (Qualzüchtungen), sodass in deren Folge im Zusammenhang mit genetischen Anomalien insbesondere eines oder mehrere der folgenden klinischen Symptome bei den Nachkommen nicht nur vorübergehend mit wesentlichen Auswirkungen auf ihre Gesundheit auftreten oder physiologische Lebensläufe wesentlich beeinträchtigen oder eine erhöhte Verletzungsgefahr bedingen: Atemnot, Bewegungsanomalien, Lahmheiten, Haarlosigkeit, Entzündungen der Lidbindehaut und/oder der Hornhaut, Blindheit, Exophthalmus, Taubheit, Neurologische Symptome, Fehlbildungen des Gebisses, Missbildungen der Schädeldecke, Körperformen, bei denen mit großer Wahrscheinlichkeit angenommen werden muss, dass natürliche Geburten nicht möglich sind; die Aggressivität und Kampfbereitschaft von Tieren, durch einseitige Zuchtauswahl oder durch andere Maßnahmen erhöht; Entzündungen der Haut.*

## GESUNDHEITSZUSTAND DER PFERDE FÜR TRAINING UND WETTBEWERB

Aus Gründen der Ethik und des Tierschutzgesetzes (§ 5 TSchG (1)) ist es nicht erlaubt, Wirbeltieren, so auch dem Pferd, Schmerzen, Leiden oder Schäden zuzufügen oder es in schwere Angst zu versetzen. Auch ist es verboten, einem Tier Leistungen abzuverlangen, die es aufgrund seiner momentanen körperlichen Verfassung nicht in der Lage ist zu erbringen.

Ein Pferd, das an einem nationalen oder internationalen sportlichen Wettbewerb teilnehmen soll, muss „Fit to Compete“ sein, sprich: frei sein von die sportliche Leistung vereitelnden klinischen Erscheinungen (z. B. Lahmheiten u. dgl.) und in diesem Kontext naturgemäß auch frei sein von leistungsbeeinflussender Medikation (Doping). Hierfür stehen nationale wie auch internationale (NADA und WADA) Dopingkommissionen zur Bekämpfung von Dopingmissständen zur Verfügung, welche einen fairen Wettkampf sicherstellen sollen. Zusätzlich werden Leistungssportler (Pferd wie auch Reiterinnen und Reiter) stichprobenartig auch im Training geprobt, um auch in diesem Bereich der Dopingproblematik ebenso wirksam entgegenzutreten.

Pferdesporttierärzte, Pferdefachtierärzte sowie auch Dopingtierärzte, welche als beauftragte Verbandstierärzte die Dopingproben ziehen, leisten wertvolle Hilfestellungen in der wirksamen Bekämpfung von Leistungsbeeinflussung im (Freizeit-)Sport.

Schmerzen während der sportlichen Nutzung und Schmerzzustände in Ruhe können durch die „Ridden horse pain scale“ von Sue Dyson sowie der „Pain grimace“-Scale entsprechend fachlich evaluiert und für den Einzelfall analysiert werden.

## SKELETTREIFUNG VON PFERDEN

Pferde benötigen Zeit, um zu wachsen und mental zu reifen, weshalb der alte klassische Grundsatz, dass das Pferd den Weg in der Ausbildung vorgibt und nicht der Ausbilder, auch im Hinblick auf die Gesamtbelastbarkeit des Skeletts, aber auch der Psyche nach wie vor Gültigkeit hat. Der Aspekt, einem noch nicht ausreichend belastbaren Knochengerüst Leistungen abzuverlangen, zu denen es offensichtig (noch) nicht in der Lage ist (Grünholzfrakturen[41], Sore Shines[42] bei Rennpferden usw.), respektive Schäden nehmen wird, widerspricht eindeutig dem § 5 TschG (1) und hippologisch ethischen Grundsätzen. In der nachfolgenden Tafel wird eindrucksvoll die komplette Ausreifung resp. der Epiphysenfugenschluss der unterschiedlichen Skelettbereiche dargestellt.

41 Spontanbrüche durch zu geringe Knochendichte

42 Mikrofrakturen an der Knochencompacta, welche zu schmerzhaften Röhrbeinreizungen bei Rennpferden führen

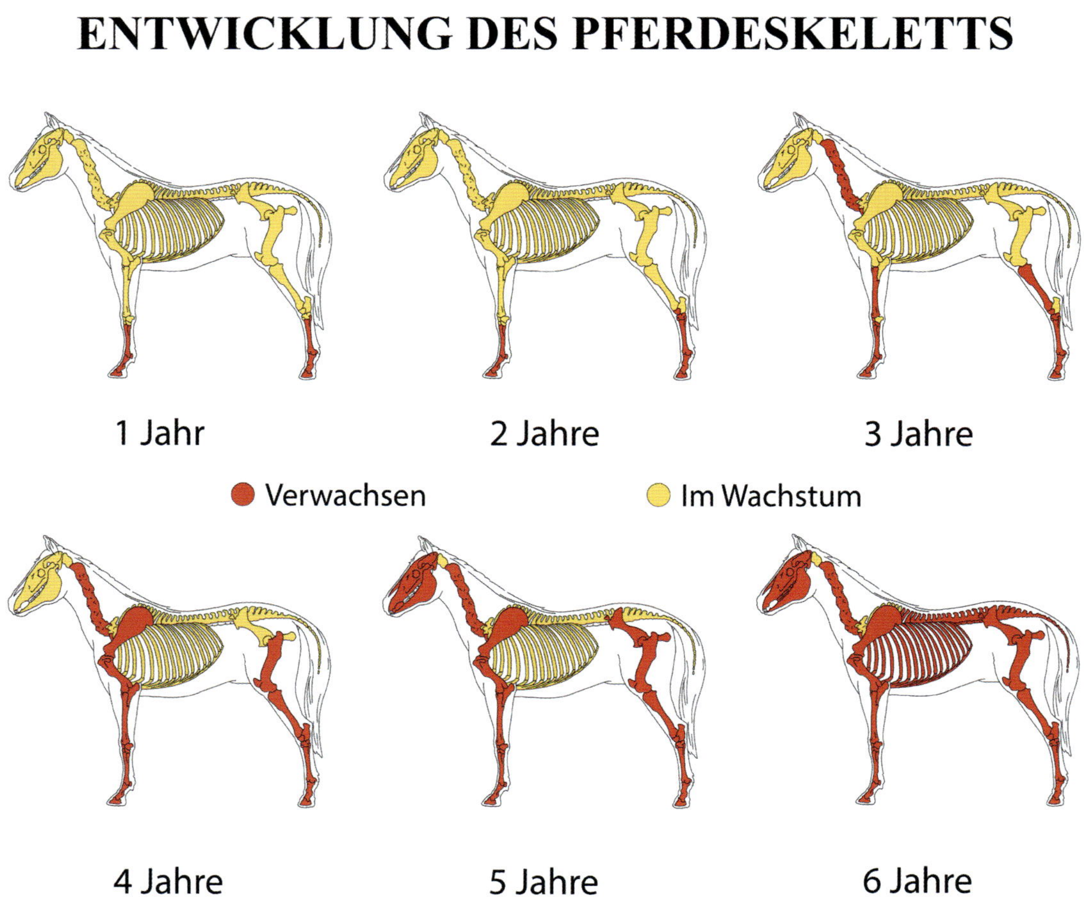


Die Skelettreife im Kontext mit der altersmäßigen Entwicklung und dem heute üblichen Trainingsbeginn der Remonten mit 30 Monaten: 2 Jahre (ab 30 Monate) = vorsichtige Bodenarbeit, 3–3,5 Jahre = Anreitphase, 4 Jahre = Junge Remonte, 1. Ausbildungsjahr, 5 Jahre = Alte Remonte, 2. Ausbildungsjahr, ab 6 Jahre = fast ausgewachsenes Pferd.

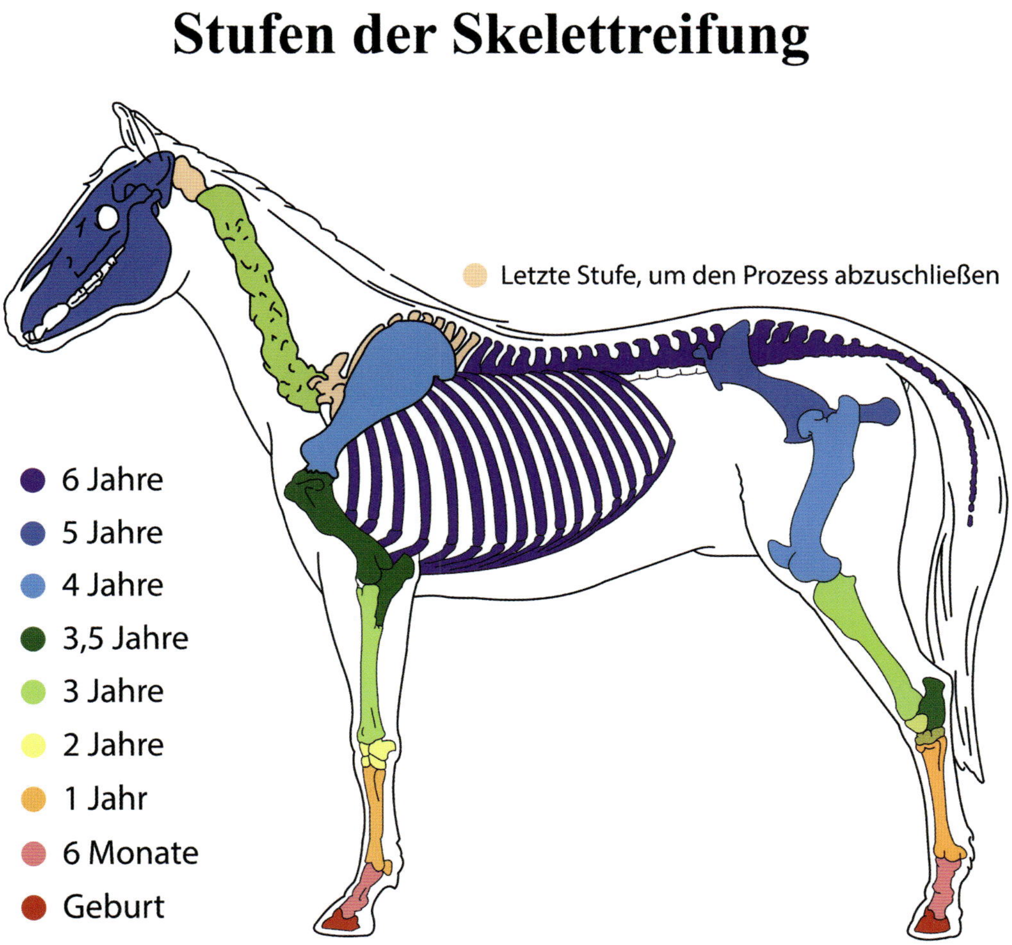


Die Stufen der Skelettreife und Verknöcherung der Wachstumsfugen © Simon and Sons

## FUTTER- UND ERNÄHRUNGSZUSTAND

Auch gilt es aus Tierschutzgründen, immer wieder die Frage nach dem Ernährungszustand sachverständig zu beantworten, da ein mangelhafter oder auch zu „guter" Ernährungszustand Schmerzen, Leiden und Schäden im Sinne des TSchG in der Lage ist zu generieren.

Geht man davon aus, dass ein Pferd einen beginnenden Muskelabbau durch Inaktivität oder nicht mehr vorhandenes Training binnen 2 Wochen zeitigt und auch die Nahrungsexokarenz[43] von mehreren Tagen, Krankheit oder auch Transporte veritable Gewichtsverluste in kürzester Zeit zeitigen können, bedarf der Beurteilung des Futterzustandes oder der BCS (Body Condition Score) aus sachverständiger Sicht besonderer Betrachtung.

[43] Nahrungsentzug

Pferde sind im Schnitt 16 Stunden pro Tag auf Nahrungssuche. Futterpausen von mehr als 4 Stunden sind nachweislich schädlich für das Wohlbefinden und den Verdauungstrakt des Pferdes, weshalb auch hier durch nicht artgerechte und vor allem auch mengenmäßig nicht ausreichende Rauhfuttergaben (mind. 1,5–2 kg Heu/100 kg Körpergewicht pro Tag) sehr rasch Leiden und Schäden erzeugbar sind.

Eine Überfütterung hingegen, oder wenn auch noch verdorbene Futtermittel zum Einsatz (verdorbene Heulage, schimmeliges Heu u. dgl.) oder eine ungewollte ad.-libitum-Fütterung von Kraftfutter durch Ausbrechen aus der Box dazu kommen, kann sehr schnell sehr schmerzhafte und vor allem auch nachhaltig schadende Zustände erzeugen (Kolik, Hufrehe, Kreuzverschlag).

Die nachfolgende Aufstellung der BCS soll objektiv den Ernährungszustand eines Pferdes entsprechend erheben lassen. Der Body Condition Score (BCS) zeigt den Ernährungszustand eines Pferdes an. Dabei werden sechs definierte Körperregionen beurteilt: Hals, Schulterpartie, Rippen der Brustwand, Rücken und Kruppe, Hüfthöcker sowie die Linie zwischen Schweifansatz und Sitzbeinhöcker.

Kealy et al. (2002) schlugen für eine längere Lebensdauer für Hunde einen idealen BCS von unter 5 vor. Garlinghouse & Burril (1996) und Garlinghouse (1998) legten aber eine geringere Belastungsfähigkeit von Pferden mit Scores unter 5 dar. Da körperliche Belastungsfähigkeit bei Pferden ein sehr wichtiges Kriterium ist, sollten keine Scores unter 5 angestrebt werden. Es kommen bei der Beurteilung entweder das BCS-System nach Wright mit 5 Stufen oder die 9-stufige BCS-Skalierung zum Einsatz.

Bei einem BCS von 5 (3 nach Wright) ist die Muskulatur gut ausgeprägt, während sich die zusätzliche Gewichtsbelastung durch subkutane Fettreserven noch in Grenzen hält. Diese BC ist ideal für Pferde, von denen hohe körperliche Leistungen verlangt werden, z. B.

Pferde sind im Schnitt 16 Stunden pro Tag auf Nahrungssuche, aber nicht auf Nahrungsaufnahme – mehr als 4 Stunden Fresspausen sollten nicht sein. © Archiv Prof. Stodulka

für Springpferde oder Vielseitigkeitspferde, also Tiere mit einer hohen Lauf- und Springleistung.

Dressurpferde brauchen sehr viel Kraft in Hinterhand und Rücken, müssen aber keine extremen Ausdauerleistungen vollbringen. Um maximalen Muskelansatz zu ermöglichen, wird für sie ein BCS von bis zu 6 vorgeschlagen.

Für Zuchtstuten wird wegen der in der Literatur erwähnten Verbesserungen der Fruchtbarkeit ein BCS von 6 vorgeschlagen.

Für mehr Information: https://www.bodyconditionscore.de/

Bei alten Pferden kann der 9-stufige BCS sehr sinnvoll sein, um engmaschiger körperliche Abbauprozesse fachgerecht evaluieren und auf diese futtertechnisch reagieren zu können.

Der BCS von 5 ist ideal für Pferde, von denen hohe körperliche Leistungen verlangt werden.

© Archiv Prof. Stodulka

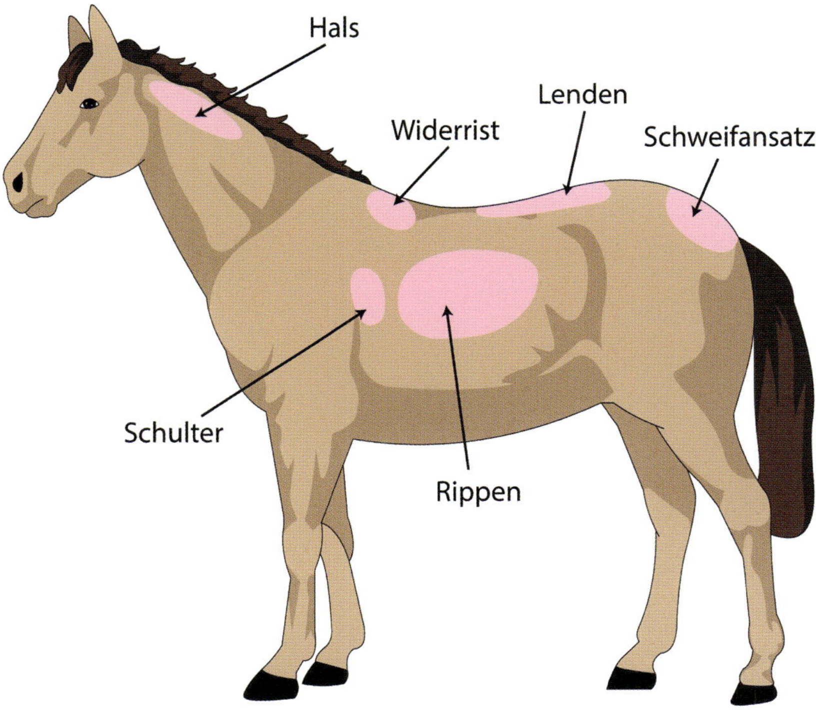


Lage der 6 Beurteilungszonen als Grundlage für die Ermittlung der BCS

© Simon and Sons

| BCS | Hals | Widerrist | Rücken, Kruppe | Rippen | Hinterhand |
|---|---|---|---|---|---|
| 0 Sehr dünn  | Knochenstrukturen leicht zu fühlen, keine Muskulatur, Axthieb am Übergang von Hals und Schulter | Knochenstruktur leicht zu fühlen | Dornfortsätze und Querfortsätze leicht zu fühlen | Jede Rippe leicht zu fühlen | Schweifansatz und Hüfthöcker vorstehend 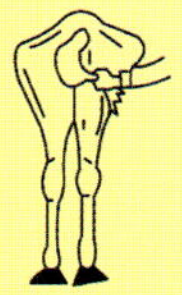 |
| 1 Dünn  | Knochenstrukturen fühlbar, leichter Axthieb am Übergang von Hals zur Schulter | Knochenstruktur fühlbar | Dornfortsätze leicht zu fühlen, leichte Fettschicht über Querfortsätzen | Leichte Fettschicht, aber noch leicht zu fühlen | Hüfthöcker fühlbar 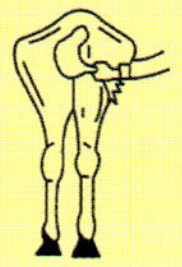 |
| 2 Mäßig  | Fettschicht über Knochenstrukturen | Fettdepots über Widerrist, je nach Körperbau | Fett über Dornfortsätzen | Rippen nicht sichtbar, aber noch fühlbar | Fettschicht über Hüfthöckern 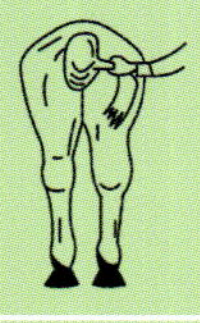 |
| 3 Gut  | Fließender Übergang vom Hals zur Schulter | Hals rundet den Widerrist ab | Der Rücken ist eben | Fettschicht über den Rippen | Hüfthöcker nicht fühlbar 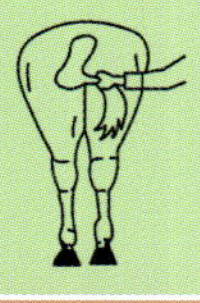 |
| 4 Fett  | Fettansatz entlang des Halses | Fettpolster um den Widerrist | Rinne entlang des Rückens | Schwammiges Fett über und zwischen den Rippen | Hüfthöcker nicht fühlbar 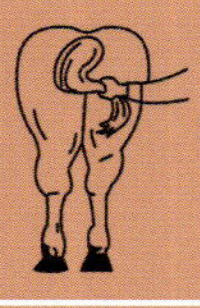 |
| 5 Sehr fett  | Fettpolster | Fettpolster | Tiefe Rinne | Fettpolster | Fettpolster 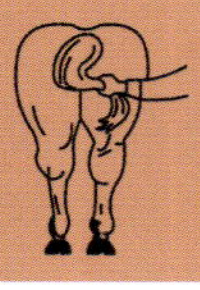 |

Body Consition Score, modifiziert nach Wright et al. (1998)

| BCS | ausgehungert | sehr dünn | dünn |
|---|---|---|---|
| | 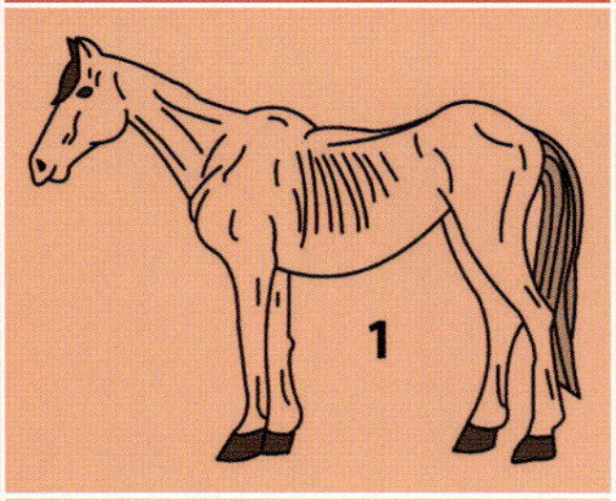 | 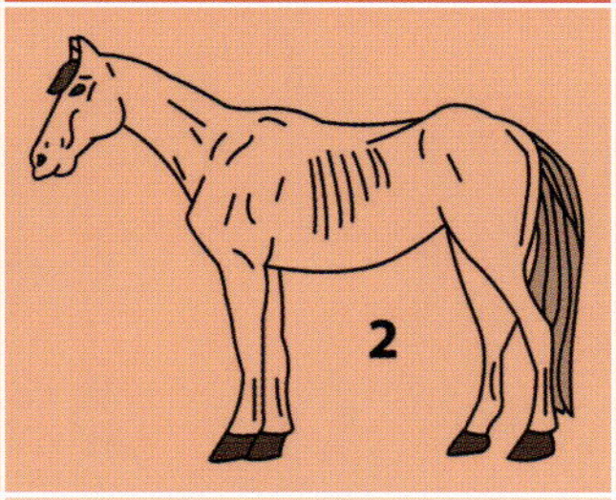 | 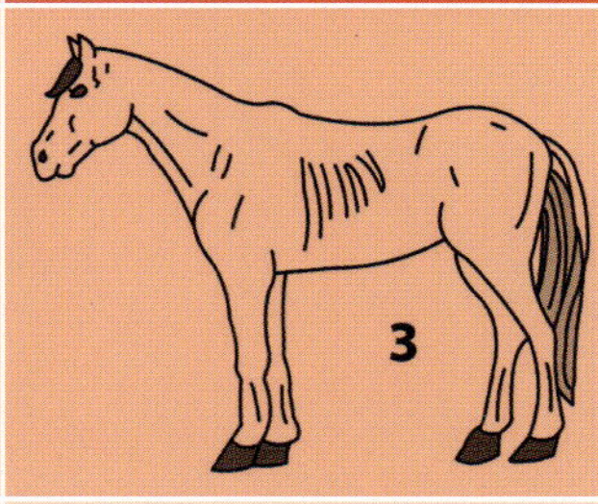 |
| Hals | Seitenfläche konkav, Atlas sichtbar, 3.–6. Wirbel fühlbar, 4.–5. sichtbar, kein Kammfett, Axthieb | Seitenfläche konkav, Atlas und 4.–5. Halswirbel fühlbar, kein Kammfett, Axthieb | Seitenfläche leicht konkav, 4.–5. Halswirbel mit leichtem Druck fühlbar, kein Kammfett, Axthieb |
| Schulter | Schulterblatt komplett sichtbar, 6.–8. Rippe sichtbar, Faltenbildung an der Schulter nicht moglich | Schulterblatt sichtbar, 6.–8. Rippe fühlbar, 7.–8. sichtbar, Faltenbildung an der Schulter schwierig | Schulterblatt sichtbar, 7.–8. Rippe fühlbar, Faltenbildung schwierig |
| Brustwand/ Bauch | 6.–18. Rippe komplett sichtbar, Haut nicht verschiebbar | 7.–18. Rippe komplett sichtbar, Haut nicht verschiebbar | 7.–18. Rippe Seitenflächen sichtbar, Haut nicht verschiebbar |
| Rücken/ Kruppe | Dorn-/ Querfortsätze und Rippenansätze sichtbar, Kruppe konkav, Haut nicht verschiebbar | Dorn- und Querfortsätze sichtbar, Rippenansatze fühlbar, Kruppe konkav, Haut nicht verschiebbar | Dornfortsätze sichtbar, Kruppe gerade, Haut nicht verschiebbar |
| Hüfte | Hungergrube eingefallen, Hüfthöcker prominent, Sitzbeinhöcker sichtbar, über Kreuzbein konkav, After eingefallen | Hungergrube eingefallen, Hüfthöcker prominent, Sitzbeinhöcker sichtbar, über Kreuzbein gerade, After eingefallen | Hungergrube eingefallen, Hüfthöcker prominent, vordere Kante scharf, Sitzbeinhöcke sichtbar, After etwas eingefallen |
| Schweifansatz | Einzelne Wirbel abgrenzbar, Linie konkav | Einzelne Wirbel nicht abgrenzbar, Linie Sitzbeinhöcker-Schwanzwirbel konkav | Keine einzelnen Wirbel sichtbar, Linie Sitzbeinhöcker-Schwanzwirbel konkav |

Body Condition Score 1–3

© Graphiken: Simons and Sons, © Tabelle: Werbeagentur Rypka, nach Quelle: https://www.natural-horse-care.com/pferdekrankheiten/body-condition-score-pferd.html

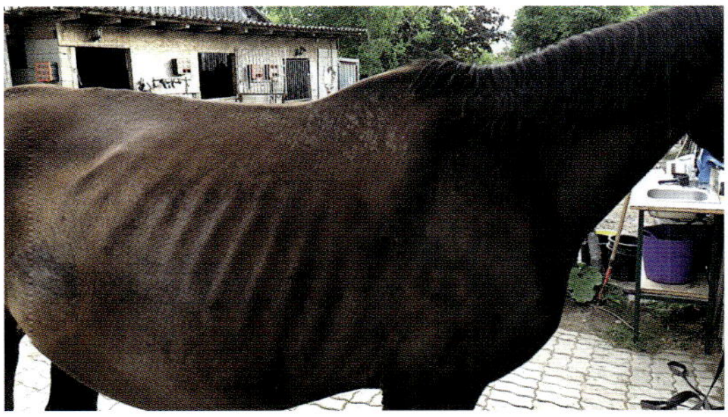

Stark abgemagertes Pferd BCS 1 nach Wright
© Archiv Prof. Stodulka

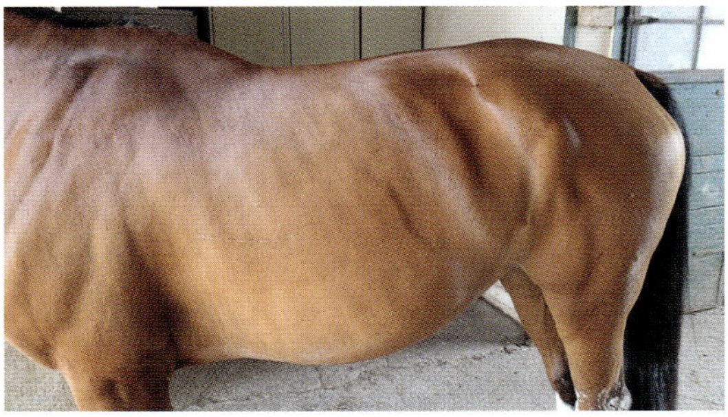

Guter bis minderguter Ernährungszustand BCS 3–4 nach Wright
© Archiv Prof. Stodulka

| | mäßig dünn | normal | mäßig dick |
|---|---|---|---|
| BCS | 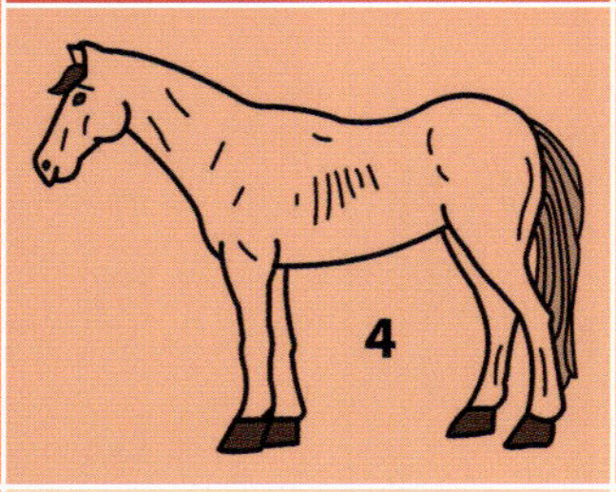 | 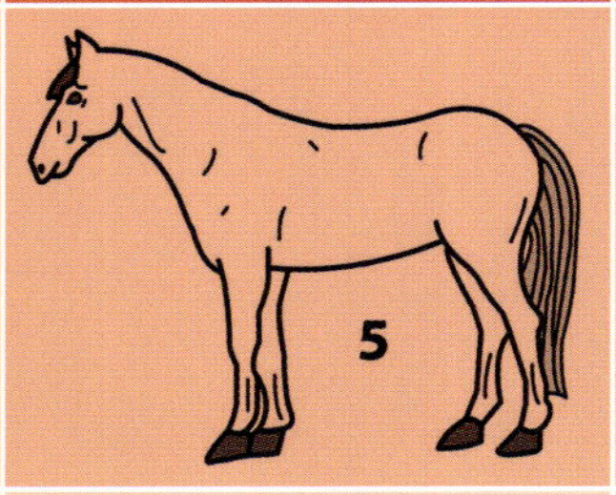 | 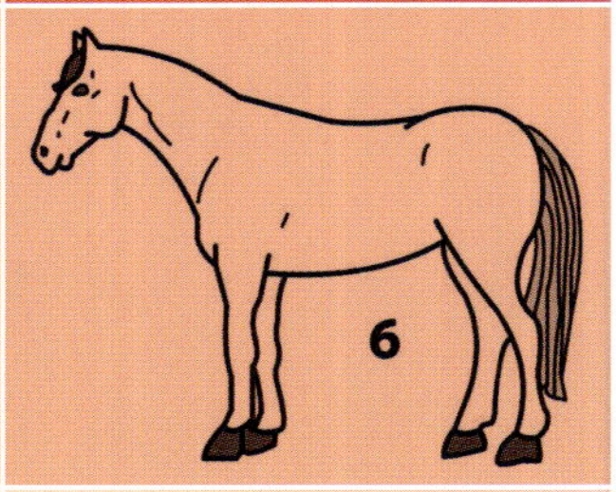 |
| Hals | Seitenfläche gerade, Halswirbel nur bei starkem Druck fühlbar, Kammfett bis 4 cm hoch, Axthieb undeutlich | Seitenfläche leicht konvex, Kammfett 4–5,5 cm hoch | Seitenfläche leicht konvex, Kammfett 5,5–7 cm hoch |
| Schulter | Knochen teilweise sichtbar, 8. Rippe fühlbar kurze Falte unter großer Spannung möglich, Haut etwas verschiebbar | Knochen zu erahnen, über Rippe weich, Rippe fühlbar, kurze Falte unter Spannung möglich, Haut leicht verschiebbar | Über 7.–8. Rippe Gewebe weich, kurze Falte unter wenig Spannung moglich, Haut leicht verschiebbar |
| Brustwand/ Bauch | 11.–14. Rippe sichtbar, 9.–18. Rippe fühlbar, Haut etwas verschiebbar | Rippen undeutlich sichtbar, 10.–18. Rippe fühlbar, Haut verschiebbar | Rippen nicht sichtbar, 14.–18. Rippe fühlbar, Haut leicht verschiebbar |
| Rücken/ Kruppe | Dornfortsätze nur am Widerrist sichtbar, Kruppe leicht konvex, Haut nicht verschiebbar | Dornfortsätze bedeckt aber erfühlbar, Kruppe rund oder herzförmig, Haut etwas verschiebbar, 14.–18. Rippe bei leichtem Druck fühlbar | Dornfortsätze bedeckt bei leichtem Druck fühlbar, Kruppe rund oder herzförmig, Haut leicht verschiebbar, 14.–18. Rippe bei starkem Druck fühlbar |
| Hüfte | Hüfthöcker prominent, vordere Kante scharf, Sitzbeinhöcker zu erahnen | Hüfthöcker leicht prominent, vordere Kante und Sitzbeinhöcker fühlbar, Innenschenkel berühren sich | Hüfthöcker zu erahnen, Sitzbeinhöcker schwer fühlbar, Innenschenkel berühren sich |
| Schweifansatz | Kontur der Schwanzwirbel zu erahnen, Linie Sitzbeinhöcker-Schwanzwirbel leicht konkav | Schwanzwirbel bedeckt, Linie Sitzbeinhöcker-Schwanzwirbel gerade | Festes Fettpolster neben 3.Schwanzwirbel, Linie Sitzbeinhöcker-Schwanzwirbel konvex |

Body Condition Score 4–6

© Graphiken: Simons and Sons, © Tabelle: Werbeagentur Rypka, nach Quelle: https://www.natural-horse-care.com/pferdekrankheiten/body-condition-score-pferd.html

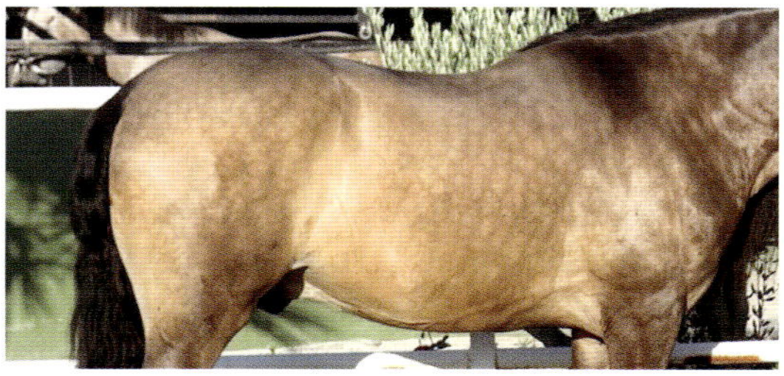

Guter Ernährungszustand BCS 4 nach Wright

© Archiv Prof. Stodulka

| | dick | fett | extrem fett |
|---|---|---|---|
| BCS |   |   | 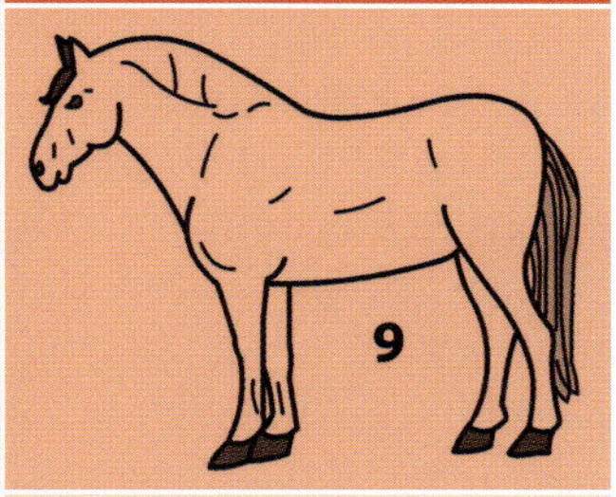  |
| Hals | Seitenfläche leicht konvex, Kammfett 7–8,5 cm hoch | Seitenfläche leicht konvex, Kammfett 8,5–10 cm hoch | Seitenfläche konvex, Kammfett > 10 cm hoch |
| Schulter | Über 7.–9. Rippe Gewebe weich, Falte spannungsfrei möglich | über 7.–9. Rippe Gewebe weich, hohe Falte spannungsfrei möglich | Fettdepot bis Widerrist und Brust, hohe Falte spannungsfrei möglich |
| Brustwand/ Bauch | 15.–17. Rippe fühlbar, Haut leicht verschiebbar, Über 9.–18. Rippe weich, Fingerkuppen sinken etwas ein, Falten mit viel Spannung möglich | Rippen kaum fühlbar, Haut leicht verschiebbar, über 9.–18. Rippe weich, Fingerkuppen sinken deutlich ein, Falten möglich | Rippen nicht fühlbar, durchgehendes Fettpolster |
| Rücken/ Kruppe | beginnende Rinnenbildung der Wirbelsäule, Kruppe rund oder herzförmig, Gewebe weich, bei 14.–18. Rippe Fettpolster, Falten möglich | Rinnenbildung der Wirbelsäule, Kruppe rund oder herzförmig, Gewebe weich, bei 14.–18. Rippe dickes Fettpolster, dicke Falten möglich | durchgehendes Fettpolster |
| Hüfte | Hüfthöcker abgerundet, fühlbar, Innenschenkel berühren sich | Hüfthöcker bei leichtem Druck fühlbar, Sitzbeinhöcker nicht mehr fühlbar, Innenschenkel berühren sich | Hüfthöcker nicht mehr als Vorwölbung erkennbar |
| Schweifansatz | Weiches Fettpolster neben 3. Schwanzwirbel, Linie Sitzbeinhöcker-Schwanzwirbel deutlich konvex | Rinne von Rücken zu Schweif, weiches Fettpolster neben 1.–3. Schwanzwirbel, Linie Sitzbeinhöcker-Schwanzwirbel deutlich konvex | Tiefe Rinne von Rücken zu Schweif, durchgehendes Fettpolster |

Body Condition Score 7–9
© Graphiken: Simons and Sons, © Tabelle: Werbeagentur Rypka, nach Quelle: https://www.natural-horse-care.com/pferdekrankheiten/body-condition-score-pferd.html

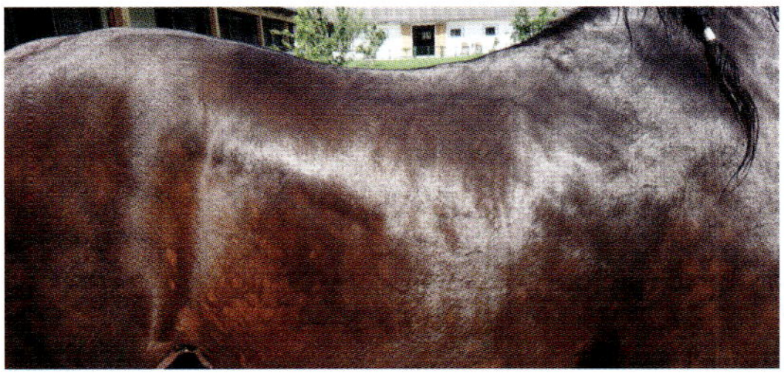

Fett bis sehr fett nach BCS 4–5 nach Wright
© Archiv Prof. Stodulka

Zur Gewichtsbestimmung bedient man sich einer Viehwaage, sollte diese nicht verfügbar sein, kann das Gewicht mittels der Berechnungsformel nach Huntington mathematisch ermittelt werden:

$$\text{KGW in kg} = \frac{\text{Brustumfang (cm)}^2 \times \text{Körperlänge (cm)}}{11.877{,}4}$$

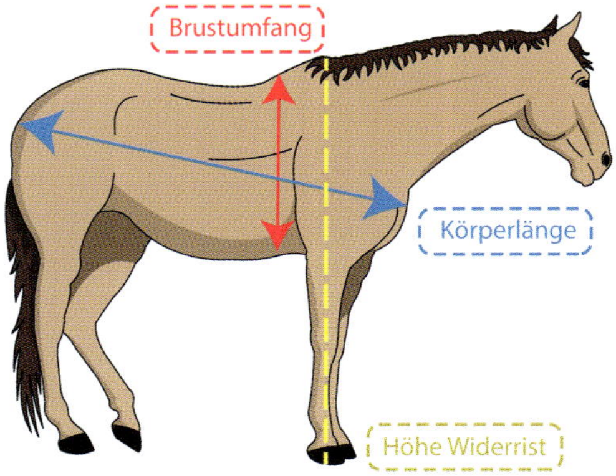


Mit der Berechnungsformel von Huntington lässt sich das Gewicht des Pferdes relativ genau auf eine Differenz von ca. 5 kg bestimmen.

© Simon and Sons

| Rasse | Gewicht | Stockmaß |
|---|---|---|
| Andalusier | 390–490 kg | 150–172 cm |
| Araber | 380–450 kg | 145–155 cm |
| Deutsches Reitpony | 320–330 kg | 138–148 cm |
| Englisches Vollblut | 480–520 kg | 152–173 cm |
| Friese | 500–750 kg | 155–175 cm |
| Haflinger | 450–600 kg | 138–148 cm |
| Hannoveraner | 530–760 kg | 160–185 cm |
| Holsteiner | 600–850 kg | 165–175 cm |
| Isländer | 300–500 kg | 130–150 cm |
| Oldenburger | 510–700 kg | 165–179 cm |
| Paint Horse | 470–600 kg | 142–158 cm |
| Quarter Horse | 530–550 kg | 150–160 cm |
| Rheinländer | 600–740 kg | 165–175 cm |
| Schwarzwälder Fuchs | 450–550 kg | 148–160 cm |
| Shetlandpony | 100–200 kg | 87–107 cm |
| Shire Horse | 700–1200 kg | 170–205 cm |
| Traber | 400–700 kg | 150–175 cm |
| Trakehner | 460–670 kg | 160–170 cm |
| Welsh Pony | 345–355 kg | Bis 122 cm |
| Westfale | 530–740 kg | 162–175 cm |

Gewichtstabelle von verschiedenen Pferderassen im Schnitt, nach Quelle: https://kristallkraft-pferdefutter.de/blogs/ratgeber/pferdegewicht-rechner

# LEITFADEN ZUR SCHMERZERKENNUNG BEIM GERITTENEN PFERD

Die Evaluierung von Schmerz und Diskomfort[44] ist ein wesentlicher Grundstein in der Beurteilung des Wohlbefindens und des Therapieerfolges eines Pferdes. Nicht zuletzt deswegen, da das TschG § 5 und das StGB[45] § 222 expressis verbis verbieten, einem Wirbeltier Schmerzen, Leiden und Schäden zuzufügen oder es in schwere Angst zu versetzen oder Leistungen abzuverlangen, denen es offenkundig nicht gewachsen ist/scheint. Daher sind die gesetzlichen (österreichischen) Rahmenbedingungen und verwendeten Definitionen folgend dem Praxiskommentar zum Österreichischen Tierschutzrecht (Binder, 2019) voranzustellen.[46]

Die eindeutige Forderung des Gesetzgebers ermahnt den Halter zum Tierschutz gleichwohl wie er auch bei Erkennen einer Erkrankung unverzüglich (!) dieses zu versorgen hat und erforderlichenfalls ein Tierarzt heranzuziehen ist.[47]

Unter dem Terminus „Wohlbefinden" – Comfort – wird ein Zustand körperlicher und seelischer Harmonie des Tieres in sich und in der Umwelt verstanden (Lorz/Metzger, TSchG 96 Rz[48] 9). Essenziell hierbei ist zu verstehen, dass dieser Begriff mehr als nur die bloße Schmerz- und Leidensfreiheit beinhaltet, da er eine physische UND psychische Unversehrtheit des Tieres fordert. Somit wird vom Gesetzgeber weit mehr gefordert, auch in ethologischer, haltungstechnischer und sozialer Sicht, im Umgang mit dem Pferd und anderen Wirbeltieren.

Als „Schmerz" werden unangenehme sensorische Empfindungen verstanden, die durch „schädigende Einwirkungen" hervorgerufen werden und von typischen Symptomen begleitet sind. Schläge, Stiche, Tritte, Risse im Maul u. dgl. sind als solche zu bewerten ebenso wie das Liegen auf hartem Boden auf den Knochenvorsprüngen oder das Lahmen oder Einnehmen von bestimmten typischen Körperhaltungen (Kolik, Hufrehe, Lahmheiten, Rückenproblemen usw.) und es roh zu misshandeln oder ihm unnötige Qualen zuzufügen.

Hierunter werden alle akuten wie auch chronischen Schmerzen subsummiert, welche sehr rasch in ein Leiden fließend überzugehen in der Lage sind.

Unter dem Begriff „Leiden" werden alle Beeinträchtigungen des Wohlbefindens (!) verstanden, die vom Begriff des Schmerzes nicht umfasst sind, über das schlichte Unwohlsein hinausgehen und über einen längeren, sprich nicht ganz unwesentlichen, Zeitraum andauern. Sehr häufig sind hier Deprivation[49], Isolationshaltung von Hengsten, Stress in der Arbeit oder auch im sozialen Gefüge im Offenstall, Nahrungsentzug, chronische Schmerzzustände und Erkrankungen u. dgl. anzusehen.

Im deutschen Tierschutzrecht spielt auch noch die „Erheblichkeit" der Schmerzen und der Leiden eine nicht unwesentliche Rolle, wobei man unter dieser wahrnehmbare Verhaltensauffälligkeiten subsummiert, die ein Indikator für das Leiden darstellen.

---

44 Unbehagen

45 Strafgesetzbuch

46 Binder, Das österreichischer Tierschutzrecht, 4. Aufl., 2019, S. 13, 35 ff.

47 TSchG § 15

48 Randzahl

49 Alleinige Haltung ohne Sozialkontakte zu anderen Pferden

Hochgradiges Schmerzgesicht eines unter schwerstem Equinem Asthma leidenden Pferdes. Das Pferd hat massive Atemnot und Angst zu ersticken. Man beachte die extrem geweiteten Nüstern, riesig geweiteten Augen und den höchst angestrengten Gesichtsausdruck. Aus hippologisch-forensischer Sicht ein 12/12 der PGS.

Strittig ist in diesem Kontext noch, ob die Dauer der Leiden hierbei relevant erscheint (BGH[50]-Beschluss v. 18. Februar 1987, Az 2 StR 159/86 Rn 18), wobei dies aus hippologisch-forensischer Sicht einen nicht unwesentlichen Faktor darstellt.

Ein „Schaden" liegt dann vor, wenn sich der körperliche und psychische Zustand eines Tieres durch menschliche Einwirkung verschlechtert. Läsion der Haut (Satteldrücke, Sporenwunden) sind ebenso zu nennen wie Erkrankungen des Bewegungsapparates durch falsches Training, Hufzurichtung und Überforderung oder nicht artgerechte Haltung. Auch sind hierunter psychische Traumata, wie Stereotypien durch Stress und Überforderung, zu subsummieren.

Auch wird vom Gesetzgeber gefordert, im Umgang und in der Ausbildung der Tiere stets die „gelindesten Mittel" auszuwählen, um einen Schutz des Wohlbefindens und eine ungerechtfertigte Schmerz- und Leidenszufügung zu minimieren. Dies ist auch im Hinblick auf Korrektur und Bestrafung von Pferden ins Kalkül zu ziehen, da es immerhin eine Forderung des StGB § 222 Abs 1. Z1 ist.

Die Evaluierung von Schmerzzuständen kann durch unterschiedliche Modelle und Systeme erfolgen, welche aus sachverständiger Sicht entsprechend selektiv zum Einsatz zu bringen sind. Auch hat der Beurteiler entsprechende Erfahrung in der Interpretation von Schmerzzuständen zu haben, weshalb diese auch im Hinblick auf die Fachkunde einschlägig ausgebildeten Tierärzten zukommen muss.

Die österreichische Tierärztin, Anästhesiologin und Schmerzspezialistin der VMU Wien, Dr. Ulrike Auer, hat in ihrem Forschungsprojekt ein vereinfachtes System der Evaluierung von Schmerzen des Pferdes mittels Tracker entwickelt, das wir im Folgenden auszugsweise aus der Originalquelle vorstellen möchten:[51]

*„Für das Tierwohl von Pferden und das Einschätzen der Lebensqualität speziell bei alten und kranken Pferden ist eine objektive Schmerzbeurteilung extrem wichtig. Schmerzskalen, unidimensionale oder zusammengesetzte Skalen (Composite Pain Scales, CPS), sind gut geeignet, in der Klinik (!) mittel- bis hochgradige Schmerzen gut zu identifizieren und zu graduieren. Sie sind nicht besonders gut geeignet, geringgradige Schmerzen und unangenehme Empfindungen/Discomfort aufgrund z. B. einer Entzündung verlässlich und sicher zu identifizieren. Schmerzhaftigkeit abzugeben.*

*Die Erkenntnis, dass herkömmliche Scores häufig durch die Anwesenheit einer fremden Person vor der Box eines Pferdes verfälscht sein können (Torcivia & McDonell 2020), führt zur Suche nach neuen Methoden, um diesen Problemen entgegenzuwirken.*

*Die Beurteilung der Körperhaltung sowie das Verständnis der Bedeutung der Körperhaltung können somit frühzeitig zu einer genaueren Diagnose und Behandlung von Lahmheit und anderen Problemen bei Pferdepatienten führen (Gellman 2017). Torcivia & McDonell (2021) veröffentlichten zu diesem Thema kürzlich ein „Ethogramm des Discomforts" mit grafischer Darstellung schmerzbedingt veränderter Körperhaltungen.*

*Um diese Veränderungen zu erkennen, muss man den Normalzustand eines Pferdes kennen. Die Körperhaltung wird am besten während einer Ruhephase beurteilt. Bei einer normalen Haltung ist ein Pferd im guten mechanischen Gleichgewicht und verbraucht dabei minimale Energie bei maximaler Stabilität (Gellman 2017).*

50 Bundesgerichtshof

51 Auer U., Schmerzmanagement beim Pferd, 2016, WTM Monatsschrift, S. 247–253

*Wenn Pferde auf ebenem Boden stehen, sollten alle vier Rohrbeine wie bei einem Tisch senkrecht zum Boden stehen und die Hufe jeweils parallel zueinander im Rechteck. Die bequemste und funktionell effizienteste Haltung in Ruhe für ein Pferd ist ein gesenkter Nacken mit dem Kopf auf Höhe des Widerristes bzw. knapp darunter oder darüber, ein angehobener Rücken und eingerastete Hinterhand. Wird die ausbalancierte Normalhaltung (aus welchem Grund auch immer) unangenehm, gleicht das Pferd dies aus, indem es sich auf abnormale Weise bewegt bzw. aus der balancierten Körperhaltung herausgeht, um eine angenehmere Position zu finden. Wenn ein Pferd z. B. während einer Ruhephase mit mehr als einem Bein nicht in der Vertikalen steht, kann dies ein Zeichen für eine schmerzbedingte abnormale Ausgleichshaltung sein. Zusätzlich neigen viele Pferde mit chronischer Ausgleichshaltung dazu, ihre Position häufig zu ändern, insbesondere auf harten Bodenoberflächen.*

*Dr. Auer untersuchte auch, ob ein Zusammenhang zwischen den Daten, die die Kamera zur Verfügung stellt, und der Schmerzhaftigkeit des Pferdes hergestellt werden kann. Von Interesse ist dabei zum Beispiel das Fressverhalten: Frisst das Pferd, wenn Futter zur Verfügung steht? Hat es einen eigenen Zyklus beim Fressen? Und wie verändert sich das Fressverhalten im Zuge eines Heilungsverlaufes? Kann ein Zusammenhang zwischen Schmerzgrad und Nichtfressen hergestellt werden? Vorteil dieser Methode ist die Möglichkeit, Pferde über lange Zeiträume Tag und Nacht zu beobachten, ohne die Tiere dabei zu stören.*

*Pferde, die nicht ständig in einer Box stehen, können mit tragbaren Sensoren ausgestattet werden, die ebenfalls mittels Deep-Learning-trainierter Algorithmen das Verhalten eines Pferdes analysieren. Diese Methode eignet sich gut, um das Verhalten eines einzelnen Pferdes zu analysieren und Rückschlüsse auf sein Wohlbefinden zu ziehen. Werden mehrere Pferde gleichzeitig getrackt, kann der Effekt des Haltungsmanagements auf Pferde beobachtet werden (Keleman et al. 2021). So kann man feststellen, wie alte und chronisch kranke Pferde mit den jeweiligen Lebensbedingungen zurechtkommen. Interessant in diesem Zusammenhang ist die Messung, wie oft und wie lange sich ein Pferd hinlegt, um in einen erholsamen REM-Schlaf zu kommen. Ohne Trackingsysteme ist diese Information kaum zu bekommen, diese identifizieren aber sehr zuverlässig Pferde mit REM-Schlaf-Defizit.*

*Abschließend kann gesagt werden, dass der Trend zur objektiven Schmerzbeurteilung bei Pferden in Richtung kontinuierlicher Überwachung mit automatisierter Analyse des Verhaltens und im besten Fall auch der Körperhaltung geht. Der Schlüssel für ein sicheres Erkennen auch von geringgradigen Schmerzen bzw. des Beginns von Discomfort liegt in einer kombinierten Bewertung von Zeitkontingenten und einer Körperhaltung, die von der Norm abweicht.*[52]

Eine weitere Möglichkeit bietet die so genannte Pain Grimace Scale (PGS), nach der das Pferd nach einem 6-Punkte-System im Ausdrucksverhalten im Gesicht evaluiert wird, wobei diese, wie bereits eingangs erwähnt, in geschlossenen Klinikeinrichtungen ihren Einsatzbereich haben.

---

52 https://www.tieraerzteverlag.at/vetjournal/schmerzerkennung-pferd

# DAS SCHMERZGESICHT UND DIE PAIN GRIMACE SCALE (PGS)

Die Pain Grimace Scale (PGS) bietet einen objektivierbaren Anhaltspunkt in der modernen Schmerzbeurteilung, welche rasch den Effekt einer erfolgreichen oder auch erfolglosen Schmerztherapie durch die Evaluierung von sechs unterschiedlichen Parametern im Gesicht zeigt. Es kann hierdurch mit wenig Aufwand schnell ein Gesamteindruck über das Pferd bekommen werden. Relevant ist, dass die Evaluierung dann erfolgt, wenn sich das Pferd in vollkommener Ruhe und Sicherheit befindet, denn sehr häufig „reißen sich die Tiere zusammen“, wenn Besuch vor der Box steht, und verfallen in ihr Muster, wenn sie alleine sind.

Schmerzgesicht mit gleichzeitiger Abwehrhaltung gegenüber seiner Umgebung. Man achte auf das Ohrenspiel, das zum Betrachter zeigt.
© Archiv Prof. Stodulka

Schmerzgesicht eines in sich horchenden, schwer kolikenden Pferdes knapp vor seinem Tode
© Archiv Prof. Stodulka

**Das Schmerzgesicht kann durch folgende 6 Fragen identifiziert werden:**

1. **Trägt das Pferd seine Ohren in einer steifen, seitwärts nach hinten gerichteten Position?**
2. **Schließt das Pferd die Augen teilweise oder vollkommen („trauriger“ oder „depressiver“, leidender oder in sich horchender Gesichtsausdruck?**
3. **Ist die Muskelpartie über den Augen angespannt, sodass die Höhle über den Augen im Stirnbein moderat bis stark hervortritt?**
4. **Hat das Pferd eine angespannte und hervorgetretene Kaumuskulatur (sichtbarer Sehnenspiegel des *M. masseter*)?**
5. **Ist die Maulpartie angespannt (Faltenbildung, hoher Muskeltonus im Lippenbereich) und besitzt eine kantige, markante Kinnbildung?**
6. **Sind die Nüstern und Nasentrompete angespannt und erweitert sowie das Nasenprofil abgeflacht?**

Zur Schmerzeruierung wird jede Frage mit 0 bis 2 Punkten bewertet:

0 Punkte = nicht vorhanden
1 Punkt = moderat vorhanden
2 Punkte = stark vorhanden

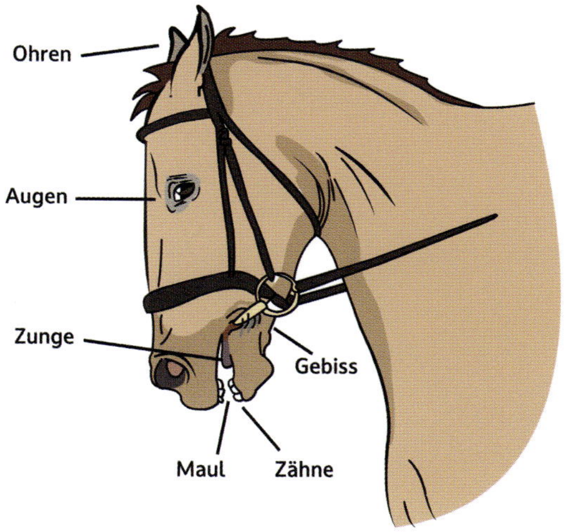


Schmerzzeichen Gesicht beim gerittenen Pferd
© Simon and Sons

Gesamt können maximal 12 Punkte erreicht werden, welche akute, extreme Schmerzen beim Pferd widerspiegeln. Zur Hilfe für die Analyse des Schmerzgesichtes kann auch die Gratis-App Horse Grimace Scale im Google App Store heruntergeladen werden.

**Achtung: Ein Pferd, das sich ausruht und vor sich hindöst, kann natürlich auf den ersten Blick ein ähnliches Bild bieten. Deshalb ist eine exakte Analyse notwendig!**

Deutliche Entlastungshaltung eines Pferdes vorne rechts © Archiv Prof. Stodulka

Schwer kolikendes Pferd mit einer massiven Darmdrehung, das nur in dieser Position eine weitgehende Schmerzfeiheit finden konnte © Archiv Prof. Stodulka

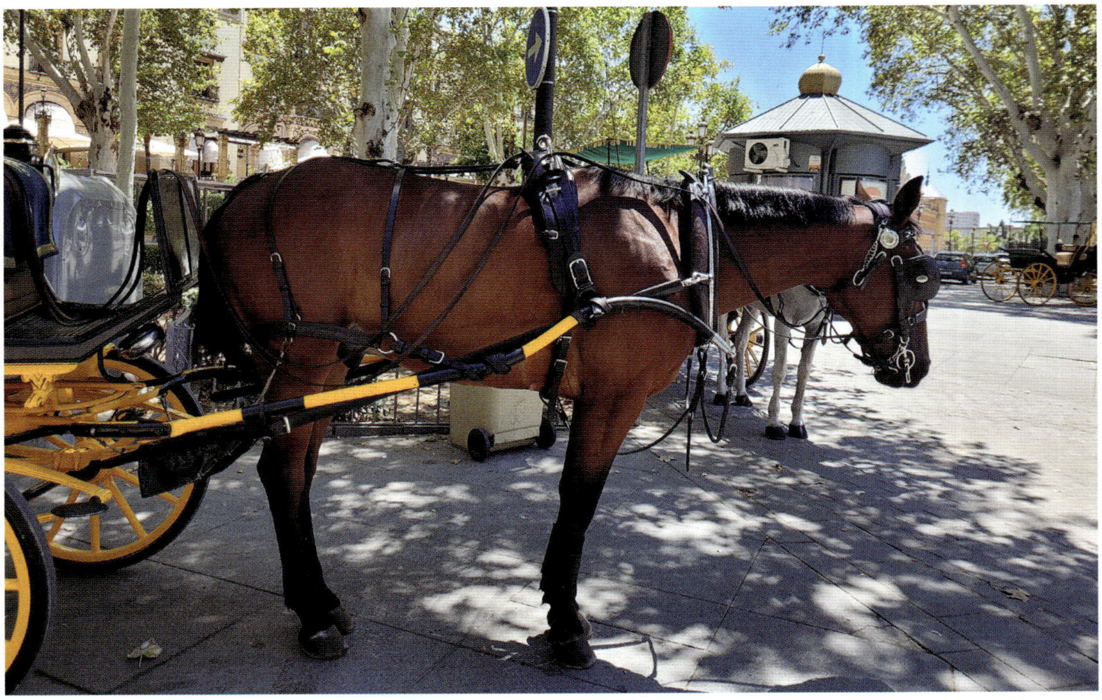

Einnahme von extrem unterständiger Haltung der Vorder- und Hintergliedmaßen zur Entlastung der Vorderbeine und des Rückens © Archiv Prof. Stodulka

## SCHMERZSKALA – COMPOSITE PAIN SCALE (CPS)[53]

Die „Composite pain scale" (CPS) bietet vor allem für akute Schmerzpatienten einen guten Ansatzpunkt den aktuellen Schmerzzustand rasch zu evaluieren.

Auch hier können wieder je nach Schweregrad der Symptome 0 bis 3 Punkte vergeben werden.

| Körperhaltung | |
|---|---|
| Punkte | Syptome |
| 0 | normale Körperhaltung mit gleichmäßiger Gewichtsverteilung auf allen vier Beinen bzw. rastend auf 3 Beinen |
| 1 | gelegentliche Gewichtsverlagerungen, Ausweichbewegungen, leichtes Muskelzittern |
| 2 | Entlastungshaltung, abnormale Gewichtsverlagerungen |
| 3 | starke Entlastungshaltung, Hinlegen, Muskelzittern |

| Schwitzen | |
|---|---|
| Punkte | Syptome |
| 0 | kein Schwitzen |
| 1 | leichtes Schwitzen (dampfend) |
| 2 | mäßiges Schwitzen (feucht) |
| 3 | starkes Schwitzen (Schweiß klar sichtbar) |

| Schlagen gegen den Bauchbereich | |
|---|---|
| Punkte | Syptome |
| 0 | kein Schlagen, ruhig stehend |
| 1 | gelegentliches Schlagen gegen Bauchbereich (1–2 x/5 Min.) |
| 2 | häufiges Schlagen gegen Bauchbereich (3–4 x/5 Min.) |
| 3 | exzessives Schlagen gegen Bauchbereich (> 5 x/5 Min.), dabei eventuell auch Anzeichen, sich abzulegen zu wollen |

| Scharren am Boden | |
|---|---|
| Punkte | Syptome |
| 0 | kein Scharren, ruhig stehend |
| 1 | gelegentliches Scharren (1–2 x/5 Min.) |
| 2 | häufiges Scharren (3–4 x/5 Min.) |
| 3 | Exzessives Scharren (> 5 x/5 Min.) |

| Bewegung | |
|---|---|
| Punkte | Syptome |
| 0 | steht ruhig oder bewegt sich ruhig |
| 1 | reduzierte Bewegung oder unruhiges Verhalten |
| 2 | Unwille, sich zu bewegen, oder stärkere Unruhe |
| 3 | vollkommene Verweigerung, sich zu bewegen, oder unkontrollierbare Vorwärtsbewegungen |

| Kopfbewegungen | |
|---|---|
| Punkte | Syptome |
| 0 | natürliche Kopfhaltung, davon die meiste Zeit nach vorne blickend |
| 1 | vereinzelnd Kopfbewegungen zur Seite oder auf und ab, Blicke zur Flanke (1–2 x/5 Min.), Flehmen (1–2 x/5 Min. |
| 2 | vereinzelnd schnelle Kopfbewegungen zur Seite oder auf und ab, häufige Blicke zur Flanke (3–4 x/5 Min.), Flehmen (2–3 x/5 Min.) |
| 3 | fortlaufend Kopfbewegungen, extrem häufige Blicke zur Flanke (> 5 x/5 Min.), Flehmen (> 5 x/5 Min.) |

[53] Vgl. Dalla Costa, E., Minero, M., Lebelt, D., Stucke, D., Canali, E., Leach, M. C. (2014) Development of the Horse Grimace Scale (HGS) as a Pain Assessment Tool in Horses Undergoing Routine Castration. PLoS ONE 9(3): e92281. https://doi.org/10.1371/journal.pone.0092281

| Appetit | |
|---|---|
| Punkte | Syptome |
| 0 | frisst Heu oder ist nicht erlaubt, Heu zu fressen |
| 1 | frisst zögernd Heu |
| 2 | zeigt wenig Interesse an Heu, frisst wenig Heu oder nimmt Heu ins Maul, aber kaut oder frisst es nicht |
| 3 | überhaupt kein Interesse an Heu |

| Reaktion auf Hörreize | |
|---|---|
| Punkte | Syptome |
| 0 | reagiert auf Laute von Menschen und Geräusche |
| 1 | übertriebene Reaktion auf Hörreize |
| 2 | übermäßige oder aggressive Reaktion auf Hörreize |
| 3 | Reaktionslosigkeit, Hinlegen, keine Reaktion auf Hörreize |

| Reaktion auf Berührung | |
|---|---|
| Punkte | Syptome |
| 0 | keine Abwehrreaktion bei Berührung |
| 1 | leichte Abwehrreaktion bei Berührung |
| 2 | Widerstand sich berühren zu lassen |
| 3 | Aggressives Abwehrverhalten bei Berührung |

| Herzrate | |
|---|---|
| Punkte | Syptome |
| 0 | 24–44 Schläge/Min. |
| 1 | 45–52 Schläge/Min. |
| 2 | 53–60 Schläge/Min. |
| 3 | > 60 Schläge/Min. |

| Atemfrequenz | |
|---|---|
| Punkte | Syptome |
| 0 | 24–44 Züge/Min. |
| 1 | 45–52 Züge/Min. |
| 2 | 53–60 Züge/Min. |
| 3 | > 60 Züge/Min. |

| Darmgeräusche | |
|---|---|
| Punkte | Syptome |
| 0 | normal |
| 1 | verringerte Motilität |
| 2 | keine Motilität |
| 3 | Hypermotilität |

| Rektale Körper-Temperatur | |
|---|---|
| Punkte | Syptome |
| 0 | 36,9–38,5 °C |
| 1 | 36,4–36,9 °C oder 38,5–39,0 °C |
| 2 | 35,9–36,4 °C oder 39,0–39,5 °C |
| 3 | 35,4–35,9 °C oder 39,5–40,0 °C |

## OBJEKTIVE SCHMERZBEURTEILUNG NACH UNIV. LEKTOR VR MAG. DR. REINHARD KAUN, FREI NACH UNIV. UPPSALA

Der bekannte österreichische Fachtierarzt für Pferde und Physiotherapie Dr. Reinhard Kaun hat aufgrund seiner jahrzehntelangen Erfahrung als Pferdesporttierarzt und Gutachter ein sehr praktikables Punktesystem zur Schmerzermittlung kreiert, das im Folgenden dargestellt werden soll und als objektive Beurteilungsgrundlage im Felde dienen kann.[54]

[54] Kaun, R., Forensische Hippologie, Klinisch-forensische Veterinärmedizin, Band 2, S. 286 ff.

### Schmerztabelle für Pferde

| Symptom | Punkte | Bewertung |
|---|---|---|
| HF | 0–12 | 3 P für je 10 HS > 40 /min. |
| AF | 0–10 | 1 P für je 2 AZ > 16/min |
| IKT | 0–5 | 1 P für je 0,2 Grad > 38,5 Grad C |
| Schwitzen | 0–5 | 5 P = triefnasses Pferd |
| Scharren/Unruhe | 0–5 | 5 P = heftig, ununterbrochen |
| Entlastungshaltung | 0–5 | Bewegungsapp./Visceralschmerz |
| Schmerzgesicht | 0–5 | Augenausdruck, blockiertes Ohrenspiel |
| Zähneknirschen/Leerkauen | 0/3–5 | ab mgr. (3) Schmerzen |
| Umdrehen zur erkrankten Stelle | KT 0/2–5 | ab mgr. (2) Schmerzen |
| Aufstehen/Hinlegen/Wälzen | 0/4–12 | große Bedeutung |

### Auswertung

| | | |
|---|---|---|
| 4–9 Punkte | Geringgradige Schmerzen | 0,05–0,1 ng/ml Adrenalin<br>0,3–0,6 ng/ ml Noradrenalin |
| 10–31 Punkte | Mittelgradige Schmerzen | 0,1–0,9 ng/ml Adrenalin<br>0,5–1,4 ng/ml Noradrenalin |
| 32–63 Punkte | Hochgradige Schmerzen | 0,8–1,35 ng/ml Adrenalin<br>1,4–2,9 ng/ml Noradrenalin |

### Spiegel beim gesunden Pferd

Adrenalin 0,054+/– 0,024 ng/ml    Noradrenalin 0,26 +/– 0,13 ng/ml

Schmerztabelle für Pferde



## Beispiel für einen praktischen Fall nach Dr. KAUN

Auswertung: PAT-Werte

**Herzfrequenz (Norm bis 40/min):**
Befund: 60/min > 3 Punkte für je 10 HS über 40 = 6 Punkte

**Atemfrequenz (Norm bis 16/min):**
Befund: 28/min > 1 Punkt für je 2 AZ über 16 = 6 Punkte

**Innere Körpertemperatur (Norm bis 38,5 Grad C)**
Befund: 39,5 Grad C > 1 Punkt für 0,2 Grad über 38,5 = 5 Punkte

Summe aus den PAT-Werten: 17 Punkte

### Auswertung: klinische Erscheinungen

| Befunde | |
|---|---|
| Starkes Schwitzen | 3 Punkte |
| Wenig Unruhe | 2 Punkte |
| Anfallweise Entlastungshaltung | 3 Punkte |
| Schmerzgesicht, deutlich | 3 Punkte |
| Zähneknirschen | 3 Punkte |
| Umdrehen nach Schmerzstelle | 2 Punkte |
| Gelegentliches Niederlegen /Aufstehen/ Wälzen | 5 Punkte |
| **Summe aus klinischen Erscheinungen** | **21 Punkte** |

| | |
|---|---|
| Summe aus PAT-Werten | 17 Punkte |
| Summe aus klinischen Erscheinungen | 21 Punkte |
| **Summe total** | **38 Punkte** |

**Interpretation:**

| | | |
|---|---|---|
| 4–9 Punkte | Geringgradige Schmerzen | 0,05–0,1 ng/ml Adrenalin<br>0,3–0,6 ng/ ml Noradrenalin |
| 10–31 Punkte | Mittelgradige Schmerzen | 0,1–0,9 ng/ml Adrenalin<br>0,5–1,4 ng/ml Noradrenalin |
| **32–63 Punkte** | **Hochgradige Schmerzen** | **0,8–1,35 ng/ml Adrenalin<br>1,4–2,9 ng/ml Noradrenalin** |



## SCHMERZBEURTEILUNG BEIM GERITTENEN PFERD

Pferde sind aufgrund ihrer Biologie „Stille Leider" und äußern sich in erster Linie nonverbal durch Mikromimik und Körperhaltung in Bezug auf Schmerzen und Leiden. Viele Pferde tendieren auch aufgrund ihres Leistungswillens und Charakters oder auch aus negativer Spannung heraus dazu, leichtere Bewegungsstörungen oder Lahmheiten zu „überspielen", speziell auch dann, wenn ein „starker" Reiter das Pferd in die Mangel nimmt und ihm spektakuläre Tritte zu entlocken versucht. Die Ergebnisse der Schweizer Rückenstudie von Weisshaupt belegen evidenzbasiert, dass in der breiten Reiterwelt das Erkennen von akuten und chronischen Schmerzzuständen, wie z. B. Lahmheiten, vom Großteil der Pferdehalter nicht als solche erkannt werden.

52 % der milden Hinterhandlahmheiten und 48 % der milden Vorhandlahmheiten bleiben nach der Schweizer Rücken-Studie bei Freizeit- und Sportreitern unerkannt. Ebenso hatten ein gutes Drittel aller vorgestellten und für gesund und fit eingeschätzten Reitpferde mittelgradige bis hochgradige Rückenschmerzen und nur 10 % der vorgestellten Pferde passende Sättel!

Sue Dyson entwickelte ein spezielles Schmerz-Ethogramm für gerittene Pferde, welches eine Liste bestimmter Verhaltensweisen (24 Stk. nach Dyson) dartut, die, wenn sie gehäuft und in Kombination auftreten, auf Schmerzzustände im Bewegungsapparat des Pferdes hinweisen.

Pferde ohne Schmerzen erfüllen in der Regel nicht mehr als 2 der 24 Punkte. Pferde, die gleichzeitig 8 oder mehr der aufgelisteten Verhaltensmerkmale aufweisen, lassen auf einen „mild" discomfort resp. Schmerzzustand schließen, dem aus Tierschutzgründen auf den Grund gegangen werden muss (nach Dyson).

**Schmerz-Ethogramm für gerittene Pferde nach Dyson (Ridden Horse Pain Scale)[55]**

1. Wiederholte Positionswechsel des Kopfes (rauf/runter), die nicht im Einklang mit dem Trabrhythmus stehen
2. Dauerhaft verworfen im Genick oder immer wieder auftretende verworfene Kopfhaltung
3. Kopf vor der Senkrechten (> 30°) für eine Dauer von über 10 Sekunden
4. Kopf hinter der Senkrechten (> 10°) für eine Dauer von über 10 Sekunden
5. Häufiger Wechsel der Kopfposition. Der Kopf wird von einer Seite zur anderen geworfen oder verdreht und ständig korrigiert.
6. Ohren (beide oder eines) nach hinten rotiert, vertikal oder flach, für eine Dauer von über 5 Sekunden; Ohren werden immer wieder flach angelegt
7. Augenlider geschlossen oder halb geschlossen für 2 bis 5 Sekunden; häufiges Blinzeln
8. Das Weiße im Pferdeauge (Sklera) ist immer wieder zu sehen.
9. Intensives Starren („glasiger", „abwesender" Ausdruck) für mehr als fünf Sekunden
10. Wiederholtes Öffnen und Schließen des Mauls mit Trennung der Zähne für eine Dauer von mehr als 10 Sekunden
11. Das Pferd lässt seine Zunge hervorstehen oder heraushängen und/oder bewegt sie wiederholt ins bzw. aus dem Maul.
12. Das Gebiss ist auf einer Seite (links oder rechts) wiederholt durchs Maul gezogen.
13. Das Pferd trägt seinen Schweif fest eingeklemmt oder seitlich.
14. Schweifschlagen mit großen Bewegungen: wiederholt auf und ab, von einer Seite zur anderen oder kreisend; wiederholt auftretend bei Übergängen
15. Ein gehetzter Gang; unregelmäßiger Rhythmus im Trab oder Galopp; wiederholte Tempowechsel im Trab oder Galopp
16. Ein sehr langsames Tempo; passageartiger Trab
17. Die Hinterbeine folgen nicht den Spuren der Vorderbeine, sondern weichen wiederholt nach links oder rechts ab; das Pferd läuft auf drei Hufspuren im Trab oder Galopp.
18. Wiederholtes Umspringen im Galopp vorne und/oder hinten; wiederholtes Angaloppieren auf dem falschen Bein; Kreuzgalopp
19. Spontane Gangwechsel (z. B. Wechsel von Galopp in den Trab oder Trab in den Galopp)
20. gehäuftes Stolpern; wiederholtes beidseitiges Schleifen der Hinterhand
21. Plötzlicher Richtungswechsel; Scheuen
22. Bewegungsunlust, ausgeprägte Triebigkeit, spontanes Stoppen
23. Steigen
24. Buckeln oder nach hinten Austreten (mit einem oder beiden Hinterbeinen)

[55] 24 Behaviors of the ridden horse in Pain, Adapted from Dyson, S., Berger, J., Ellis, A., Mullard, J. Development of an ethogram for a pain scoring system in ridden horses and its application to determine the pres ence of musculoskeletal pain. J. Vet. Behav.: Clin. Appl. Res. 2018, 23: S. 47–57

Buckelndes Pferd als Zeichen von Schmerzen und Diskomfort, sehr häufig mit Rückenproblemen assoziiert © Simon and Sons

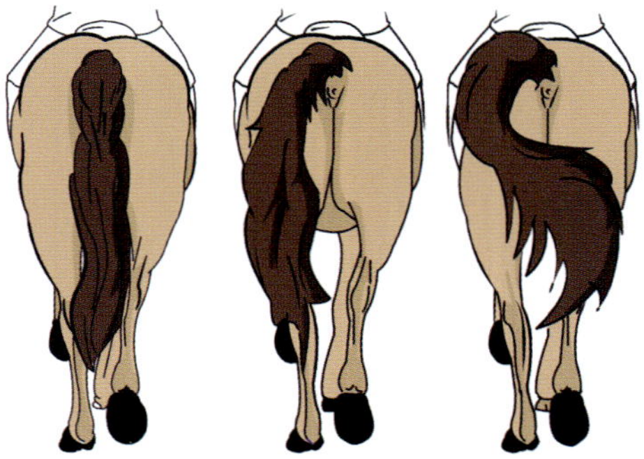

An der Schweifhaltung kann man deutlich erkennen, ob das Pferd beim Reiten Schmerzen verspürt. Links: gelassen gehendes Pferd; Mitte: ggr. Pendeln; rechts: starkes Schweifschlagen als Zeichen von Schmerzen oder Diskomfort. © Simon and Sons

Pferde, die eines oder mehrere dieser Verhaltensweisen an den Tag legen, gelten und galten früher oft als schwierig, zickig, unrittig oder gar als „Verbrecher". Einer Vielzahl der Fälle des vermeintlichen Ungehorsams jedoch liegt ein körperliches Problem zu Grunde, das medizinisch gelöst werden muss, um eine Verhaltensänderung herbeizuführen.

Die Ergebnisse dieser Untersuchungen haben gezeigt, dass die oben genannten Verhaltensweisen bei Pferden mit Lahmheit und/oder Schmerzen 10 x (!) häufiger auftreten, als bei anderen, was aus fachlich hippologischer Sicht ein Umdenken in der Evaluierung von „Rittigkeitsproblemen" und „Unwillen" bedingen muss.

Aus hippologisch-forensischer Sicht stellen alle quantifizierbaren Möglichkeiten von Schmerzgeschehen im und am Pferd wertvolle Mittel für den Sachverständigen dar, jedoch darf man das Große Ganze nicht aus dem Auge verlieren und beginnen, Momentaufnahmen zu „zerlegen". Sehr häufig sieht man auf den sozialen Medien „Pseudo-Systemanalysen" von Pferde-Reiter-Paaren eines einzigen (!) Fotos, welche dann gewisse (Schmerz-)Zustände attestieren sollen. Aus sachverständiger Sicht müssen derartige Momentaufnahmen mit äußerster Vorsicht und unter Vorbehalt beurteilt werden, da in allen Systemen der Schmerzevaluierung stets ein längerer Beobachtungszeitraum als Ausgangspunkt der Betrachtung zu dienen hat.

## ENTWICKLUNG UND GESUNDERHALTUNG

### durch zielgerichtetes systematisches und pferdegerechtes Training nach tierschutzkonformen Grundsätzen

Pferde und andere Equiden, welche zu (freizeit-)sportlichen Zwecken genutzt werden, müssen aus trainingsphysiologischen Gründen ein tägliches, systematisches Trainings- und Gymnastizierungsprogramm, angepasst an ihre momentane individuelle Trainings- und Leistungssituation, absolvieren, um im Zuge der (freizeit-)sportlichen Nutzung keinen physischen oder psychischen Schaden zu erleiden.

Die reine Koppelhaltung oder Haltung im Offenstall ohne entsprechende und vor allem regelmäßige (mehrmals pro Woche)

Domestizierte Pferde benötigen neben dem freien Auslauf auch noch entsprechende Beschäftigungsreize.
© Mag. Saskia Stodulka-Prethaler

Trainingsstimuli durch Kraft-, Ausdauer- und Propriozeptorentraining[56] ist weder aus trainingsphysiologischen, hippologischen noch tierschutzrechtlichen Aspekten als ausreichend anzusehen. Domestizierte Pferde benötigen neben dem freien Auslauf und Sozialkontakten auch noch entsprechende Beschäftigungsreize körperlicher und auch mentaler Natur, um gesund zu bleiben.

Dem so genannten „Bore-out", dem „Sich zu Tode Langweilen" der Pferde in nicht adäquaten sozialen Gefügen in Gruppenhaltung ohne jedwede zusätzliche körperliche Beschäftigung mit dem Menschen, ist aus tierschutzrelevanten Gesichtspunkten durch entsprechende Trainingseinheiten entgegenzuwirken.

Da Pferde als Flucht- und Bewegungstiere konzipiert sind, ist der ausreichenden (freizeit-)sportlichen, gymnastizierenden Belastung des muskuloskelettalen Systems große Bedeutung beizumessen, um nicht krank zu werden. Andere „Ersatzbeschäftigungen" ohne sportliche Trainingsmomente bieten zwar zusätzliche Beschäftigungsreize, können aber den Bewegungsgrundbedarf, der durch das gezielte Training erreicht wird, nicht ersetzen.

Eine körperliche unzureichende „Nichtbenutzung des Bewegungs- und Atmungsapparates" führt zu mannigfachen psychischen wie auch physischen Problemzonen in der Haltung von unseren domestizierten Hauseequiden – Zivilisationserkrankungen sind dann die Folge (Hufrehe, Kolik, EMS u. v. m.).

[56] Training der Körperwahrnehmung

Der Deutsche BGH fordert als „ausreichend" mind. 3–4 Stunden freie Bewegung ohne Trainingscharakter in einem Urteil.
© Mag. Saskia Stodulka-Prethaler

Bei Verwendung von Tieren als Zugtiere oder Lasttiere oder zu sonstiger Arbeit unter dem Sattel, an der Hand oder im Geschirr ist sicherzustellen, dass die Tiere ausreichende Ruhepausen haben und nicht überfordert werden. Innerhalb eines Zeitraumes von 24 Stunden ist jedenfalls eine durchgängige Ruhepause von mindestens 8 Stunden zu gewähren. Bei rationierter Fütterung muss im Anschluss an die Fütterung eine Ruhepause von mindestens einer Stunde eingehalten werden.

Werden Pferde regelmäßig mehr als 6 Stunden pro Tag zur Personenbeförderung in einem Gespann eingesetzt, sind ihnen innerhalb einer Woche an mindestens 2 nicht aufeinander folgenden Tagen Ruhetage mit freiem Auslauf zu gewähren. Weiters muss sichergestellt werden, dass das Gesamtgewicht des voll beladenen Gespannes bei ebener Strecke und glattem Untergrund das Dreifache der Summe der Körpergewichte aller vorgespannten Pferde nicht überschreitet.

Dabei sollte die Arbeitsbelastung in einem angemessenen Verhältnis zur Leistungsfähigkeit des Tieres stehen. Kranke oder sonst beeinträchtigte Tiere dürfen zur Arbeit nicht herangezogen werden.

Verboten sind alle medikamentösen und nicht pferdegerechten Einwirkungen des Menschen, die beim Sportpferd mit dem Ziel einer Beeinflussung über die natürliche Veranlagung, das Leistungsvermögen und die Leistungsbereitschaft des Pferdes hinaus vorgenommen werden.[57]

Es ist sicherzustellen, dass die Anbindevorrichtungen und Ausrüstungsgegenstände, wie z. B. Geschirre, Zaumzeuge, Zügel, Gebisse oder Sattel, die Tiere nicht verletzen können und ein ungehindertes Fressen und Misten ermöglichen. Diese Ausrüstungsgegenstände sind regelmäßig auf ihren Sitz zu

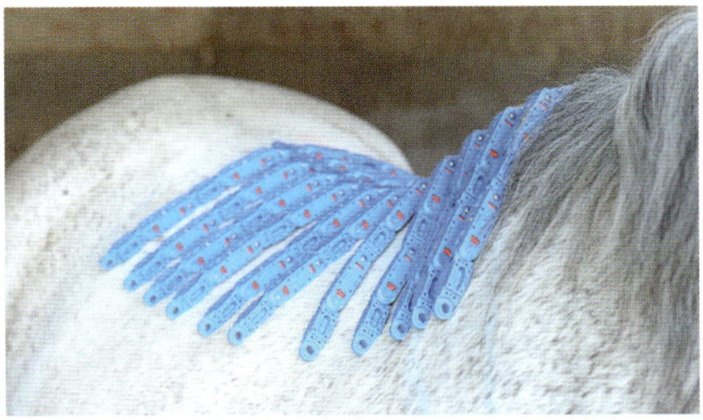

Der Sattel muss von einem Fachmann angepasst werden. Hier das dreidimensionale EQUISCAN-Messsystem, das der Autor zur Sattelüberprüfung verwendet. © Archiv Prof. Stodulka

Auch der Sitz von Zaumzeug und Gebiss sollte regelmäßig kontrolliert werden.
© Mag. Saskia Stodulka-Prethaler

überprüfen und den Körpermaßen der Tiere anzupassen.

Dies gilt insbesondre für die Besattelung und das Geschirr, da Pferde im Zuge ihrer korrekten und fachgerechten Ausbildung ihre Körperform von „spitzoval" (junge Pferd) auf „rund" (trainiertes und erwachsenes Pferd) ändern, was sich auch in der Passform des Sattels widerspiegeln wird. Sättel müssen gerade bei jungen Pferden in

57 Vgl. Equidenhaltungs-Verordnung

Der Sattel sollte regelmäßig auf seine Passform überprüft werden, weil durch unpassende Ausrüstung schnell Schäden und Leiden entstehen können. © Mag. Saskia Stodulka-Prethaler

der Ausbildung frequenter und engmaschiger (quartalsmäßig) überprüft werden. Bei älteren, im Training befindlichen Pferden ist dies halbjährlich, aber zumindest einmal pro Jahr aus fachlicher Sicht angebracht. Aus dieser Sicht ist auch die fachgerechte und v. a. später forensisch nachvollziehbare und reproduzierbare Dokumentation der Anpassungsmodalitäten und der Vermessung des Pferderückens sinnvoll, wenn ein Sattel fachgerecht angepasst werden soll. Durchgeführte Umänderungsmaßnahmen ohne entsprechende Dokumentation und ohne Pferd sind aus fachlicher Sicht als nicht lege artis (nach den Regeln der Kunst) zu beurteilen, da man in der Werkstatt ohne Grundlage der Umänderung keine fachgerecht durchzuführen in der Lage ist.

Auch darf nicht vergessen werden, dass sich Pferde in Ihrer (Grund-)Ausbildungszeit in der Regel zumindest 2–3 Mal im Zahnwechsel befinden (3,5 und 4,5 Jahre und Durchbrechen der Hengstzähne mit ca. 5–6 Jahren). Anlehnungsschwierigkeiten und Rittigkeitsprobleme sind die vorübergehend auftretende Folge und bedürfen eines entsprechenden Trainingsregimewechsels und einer Zahnkontrolle durch einen Tierarzt.

Eine regelmäßige und fachgerechte Hufpflege ist sicherzustellen.

Das Clippen der Tasthaare (Fibrissen) um Augen, Nüstern und Maul ist ebenso verboten wie die Amputation von Schweifwirbeln (Kupieren des Schweifes) und anderen Körperteilen (Zunge u. dgl.).[58]

[58] Vgl. Equidenhaltungs-Verordnung Vereinigung für Tierschutz e. V., S. 3 ff.

## REITERGEWICHT UND PFERDEBELASTUNG

Das Reitergewicht bzw. die Gewichtsverteilung am Pferderücken stellt oftmals eine stark limitierende Größe in der trainingsbedingten Entwicklung eines Pferdes dar, da sehr häufig im Islandsport oder auch im Westernreiten „unterdimensionierte“ Pferde für das Reitergewicht zum Einsatz kommen und sehr schnell in den Bereich des Schmerzes und Leidens überführt werden können.

Um eine objektive Gewichtsbegrenzung vornehmen zu können, kann man sich auf die Forschungen aus England und der Tierärztlichen Vereinigung für Tierschutz beziehen, die den Rohrbeinindex festgelegt haben, um die Maximalbelastung des Pferdes durch das Reitergewicht zu begrenzen. Aus fachlicher Sicht ist auch einzuschränken, dass unabhängig von dem absoluten Reitergewicht die Expositionszeit am Pferd, die Besattelung, der Trainingszustand des Pferdes, der Untergrund sowie die Reitfähigkeiten des Reiters eine große Bedeutung in der Gesamtschau Betrachtung und Würdigung durch den Sachverständigen finden müssen.

Der Tierärztliche Vereinigung für Tierschutz e. V. (TVT) hat im Jahr 2019 ein Merkblatt inklusive Studie zum Thema „Reitergewicht: Beurteilung der Gewichtsbelastung von Pferden unter Tierschutzgesichtspunkten“ veröffentlicht und spricht in diesem Empfehlungen hinsichtlich der Thematik aus. Englische Studien begrenzen das Reitergewicht mit 20 %, wobei ab 25 % schon bewegungsmäßige Probleme bei längerer Expositionszeit am Pferd zu erkennen sind.[59] In dem Merkblatt empfiehlt der TVT, dass ein Reiter maximal 15 % des Pferdegewichts wiegen sollte. Weitere Untersuchungen haben in diesem Zusammenhang aufgezeigt, dass es darüber hinaus vor allem um die Breite der Lende und den Umfang des Röhrbeins geht. Denn je breiter die Lende und je größer der Umfang des Röhrbeines im Verhältnis des Vierbeiners ist, desto weniger dauerhafte Schäden wurden beim Pferd durch das zusätzliche Reitergewicht festgestellt.

Da es keinen „Rechner“ für Maximalgewichtsbeschränkungen gibt, mit dem das Maximalgewicht berechnet werden kann, liefert der so genannte Röhrbeinbelastungsindex eine Hilfestellung. Weist das Röhrbein eine Dicke von mehr als 20 cm pro 450 kg auf, kann das Pferd verhältnismäßig viel Gewicht tragen und kann als kalibrig und sohin als „Gewichtsträger“ bezeichnet werden. Große und rahmige Pferde, die nur über wenig Kaliber verfügen, sind sehr häufig keine Gewichtsträger, wobei die grundsätzliche Belastung und Expositionszeit mit zunehmendem Reitergewicht reduziert werden muss. Auch hängt die tatsächliche (schädliche) Gewichtsbelastung des Pferdes mit der Balance des Reiters und dessen reiterlichem Können nicht unwesentlich zusammen.

So kann ein schlecht sitzender, unelastischer leichterer Reiter für das Pferd viel unangenehmer sein, als ein etwas schwerer, aber routinierter und ausbalanciert sitzender Reiter, der seine Expositionszeit am Pferd kürzer hält. Diese Aussage wird von den unzähligen Beobachtungen älterer erfahrener Ausbilder erhärtet, die trotz der im Laufe der Jahre zugenommenen Körpermasse vermittels ihrer Ausbildungsroutine gesunde und leistungsfähige Pferde auszubilden in der Lage sind.

Aus fachlicher Sicht sind hier erwachsene und gleichzeitig schwere Reitanfänger anders zu beurteilen als „altgediente“ Routiniers. Der Röhrbeinbelastungsindex (RI) wird mit folgender Formel ermittelt:

$$RI = \frac{\text{Röhrbeinumfang (cm)} \times 100}{\text{Körpergewicht (kg)}}$$

[59] Vgl. Merkblatt Nr. 185 „Reitergewicht“: Beurteilung der Gewichtsbelastung von Pferden unter Tierschutzgesichtspunkten TVT Tierärztliche Vereinigung für Tierschutz e. V., S. 3 ff.

| Pferderasse | * | ** | *** |
|---|---|---|---|
| Mini-Shetland-Pony | 120 | 11,4 | 9,5 |
| Shetland-Pony | 190 | 14,0 | 7,4 |
| Welsh-B-Pony | 330 | 16,0 | 4,8 |
| Deutsches Reitpony | 380 | 17,0 | 4,5 |
| Islandpony | 380 | 18,0 | 4,7 |
| Norweger | 420 | 21,5 | 4,4 |
| Arabisches Vollblut | 450 | 18,3 | 4,1 |
| Englisches Vollblut | 460 | 20,3 | 4,4 |
| Quarter Horse | 470 | 18,2 | 3,9 |
| Haflinger | 520 | 18,8 | 3,6 |
| Knabstrupper | 560 | 19,0 | 3,4 |
| Württemberger | 590 | 20,0 | 3,4 |
| Hannoveraner | 600 | 22,0 | 3,7 |
| Trakehner | 650 | 20,0 | 3,1 |
| Süddeutsches Kaltblut | 770 | 23,0 | 3,0 |

Quelle: Tierärztliche Vereinigung für Tierschutz e. V.

* Körpergewicht in kg;
** Röhrbeinumfang in cm;
*** Röhrbeinbelastungsindex RI

Eine andere Methode zur Ermittlung der Gewichtsbelastung wäre nachfolgende, die aber bei kleineren Pferden ihre Grenzen zeigt. Eine der einfachsten Methoden zur Abschätzung der maximalen Gewichtsbelastung von Reitpferden lautet:

Widerristhöhe (in cm) – 100 + 30 =
max. Gewichtsbelastung in kg

Diese Methode hat den Vorteil, dass sie auch anwendbar ist, ohne dass das Gewicht des Pferdes bekannt ist. Dennoch soll aus hippologischer Sicht die harmonische Proportion von Pferd und Reiter nicht aus dem Auge verloren werden, da diese die Einwirkbarkeit und die Gewichtsverteilung auch wesentlich beeinflussen kann.

Aus hippologischer Sicht darf die harmonische Proportion von Pferd und Reiter nicht außer Acht gelassen werden.

**Einteilung der physiologischen Auswirkungen durch das Reitergewicht auf das Wohlbefinden und die Leitungsfähigkeit des Pferdes**

| | |
|---|---|
| Gewichtsbelastung von 10 % ihres eigenen Körpergewichtes | Pferde können diese Belastung unabhängig von ihrer Konstitution und ihrem Trainingszustand problemlos verkraften, wobei diese Forderung auf diese Gewichtsbeschränkung aufgrund des zu geringen Reitergewichts aus fachlichen und praktischen Überlegungen zu verwerfen ist. |
| Gewichtsbelastung von ca. 15 % ihres eigenen Körpergewichtes | Eine Belastung von 15 % verkraften Pferde normalerweise ebenfalls noch, ohne Schäden davonzutragen. Dabei kommen kräftige Pferde mit einer breiten Lendenregion und einem hohen Röhrbeinumfang mit dieser Gewichtsbelastung besser zurecht als eher schmale, zierliche Pferde. Untersuchungen in England zeigten, dass die meisten der untersuchten Pferde mit einem BWR von 14,2 % bis 16,6 % den Forderungen nach einer maximalen Gewichtbelastung von 15 % entsprachen. Unter Berücksichtigung weiterer Faktoren, wie Trainingszustand, Art der Leistung und Pferdetyp, kann eine Gewichtsbelastung von ca. 15 % der Körpermasse eines Pferdes als realistisch und akzeptabel angesehen werden. |
| Gewichtsbelastung von 20 % ihres eigenen Körpergewichtes | Hierbei kommt es bereits zu merklichen Veränderungen vor allem in der Muskulatur der betroffenen Pferde in Form von Verspannungen und Verhärtungen. Eine so hohe Gewichtsbelastung kann daher nur unter optimalen Bedingungen toleriert werden, wenn die Pferde, wie beispielsweise Islandpferde, einen entsprechend belastbaren Körperbau aufweisen, in einem sehr guten Trainingszustand sind und die geforderte Leistung eher entsprechend angepasst ist. |
| Gewichtsbelastungen von 25 % oder gar 30 % der Gesamtkörpermasse eines Pferdes | Diese Belastungen gehen zunehmend mit strukturellen Schäden an der Muskulatur einher und können auf lange Sicht dauerhafte Schäden am Rücken und dem gesamten Bewegungsapparat verursachen. Sie sind somit nach derzeitigem Wissensstand als tierschutzwidrig anzusehen, da diese geeignet sind, Schmerzen, Leiden und Schäden beim Pferd hervorzurufen. |

Quelle: mod. nach Tierärztliche Vereinigung für Tierschutz e. V.

# TIERÄRZTLICHE BETREU-UNG – BETREUUNGSPER-SONEN IM PFERDEWESEN

Der § 15 TSchG (Stammfassung) regelt die Notwendigkeit, wann ein Tierarzt heranzuziehen ist:

> Weist ein Tier Anzeichen einer Krankheit oder Verletzung auf, so muss es **unverzüglich ordnungsgemäß versorgt werden**, erforderlichenfalls unter Heranziehung eines Tierarztes. Kranke oder verletzte Tiere sind diesen besonderen Ansprüchen angemessen und erforderlichenfalls gesondert unterzubringen.

Bei pferdesportlichen Veranstaltungen aller Sparten stehen immer speziell ausgebildete Pferdesporttierärzte zu Verfügung, welche sofort einsatzbereit sind und bestausgerüstet den Pferden helfen können.

Chiropraktische Behandlung

Weist ein Tier eine Verletzung auf, muss unverzüglich ein Tierarzt verständigt werden.

# DIE AUSRÜSTUNG VON PFERD UND REITER

## GRUNDLEGENDES ZUR AUSRÜSTUNG

Die Ausrüstung von Pferd und Reiter, insbesondere die Besattelung, Beschirrung, Gebiss, Zäumung, Sporen und Gerte, dienen der Kommunikation zwischen Pferd und Reiter. Alle Ausrüstungsgegenstände müssen so beschaffen sein, dass diese bei fachgerechter Anpassung, Verschnallung und Verwendung keine Schmerzen, Leiden oder Schäden verursachen. Auch muss sichergestellt sein, dass der Reiter/Fahrer/Trainer über ausreichende Kenntnisse und Erfahrung in der Anwendung insbesondere von Gebissen, Hilfszügeln u. dgl. verfügt. Pferd und Reiter müssen den Hilfenkanon im Sinne der klassischen Reitlehre verinnerlicht haben, um entsprechend auch auf die in der klassischen Ausbildung angestrebte Verfeinerung der Hilfengebung/Kommunikation erreichen zu können.

Perfekte Sattelanpassung mit einem dreidimensionalen Messsystem, hier dem EQUISCAN-Topographen. Damit kann der muskuläre Zuwachs eindrücklich und reproduzierbar dargestellt werden. Das Pferd hat im Vergleich zur Erstmessung deutlich an Muskulatur zugenommen, weshalb der Topograph angehoben ist.
© Archiv Prof. Stodulka

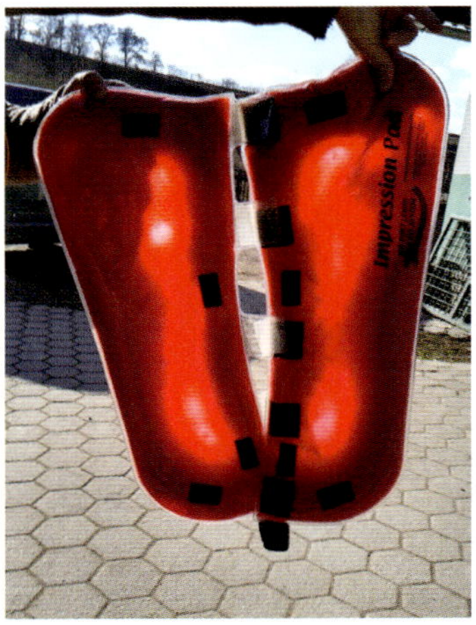

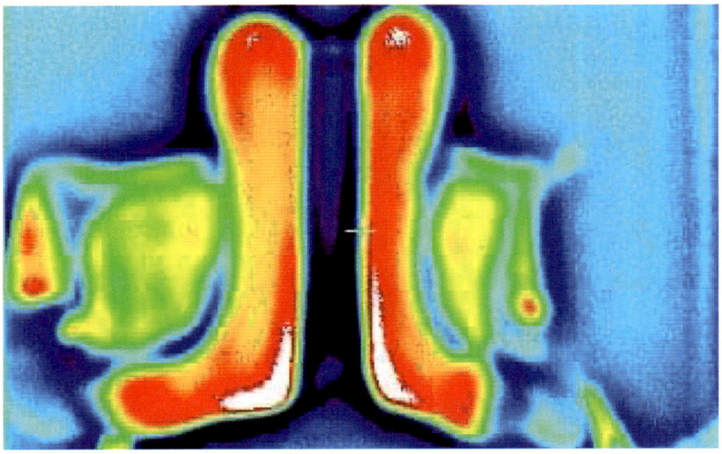

Mit Impressionpads (Druckmessplatten) und Thermographie kann die Passform auch forensisch objektiviert überprüft werden. © Archiv Prof. Stodulka

## SATTEL

Sättel werden, um die optimale Begleitung und Auflage auf dem Pferderücken sicherzustellen, am zweckmäßigsten mit dreidimensionalen Messsystemen oder zumindest mit zweidimensionalen Messsystemen, welche den Oberflächenverlauf jederzeit rekonstruieren und Veränderungen in der Bemuskelung nachvollziehen lassen, angepasst, denn nur ein in der Statik korrekt liegender Sattel kann auch in der Bewegung mit ausbalanciert sitzendem Reiter eine optimale Gewichtsverteilung auf dem Pferderücken sicherstellen und so das Pferd vor Schmerzen, Leiden und Schäden bewahren.

Auch sind derartige Vermessungs- und Dokumentationsmodalitäten aus forensischer Sicht sinnvoll, um die muskuläre oder die Körperformveränderung eines Pferdes objektiv und reproduzierbar nachvollziehen zu können. Regressansprüchen an vermeintliche Passformmängel bei Sätteln nach der Übergabe kann durch sorgfältige Dokumentation

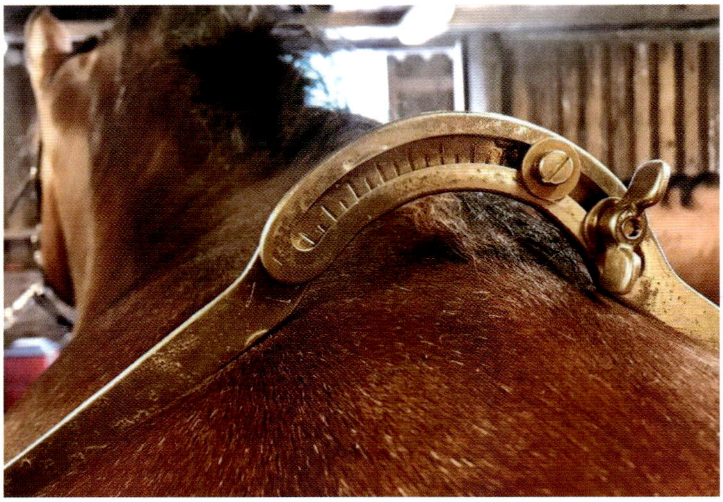

Sattelzirkel zur Bestimmung der Ortstandweite. © Archiv Prof. Stodulka

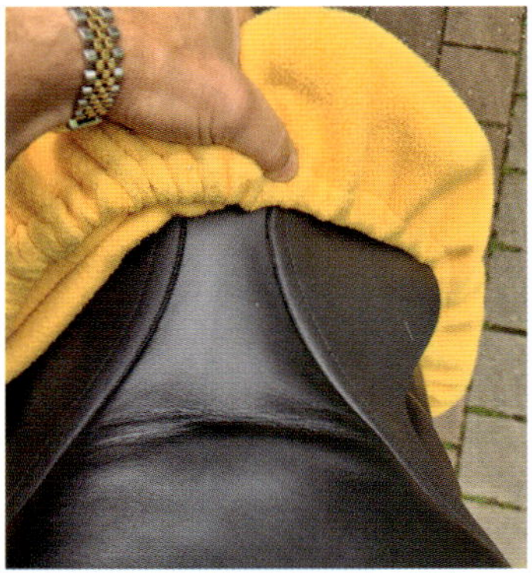

Ein gebrochener Sattelbaum ist an einer starken Faltenbildung bei der Zugprobe erkennbar. Vorsicht – flexible Sattelbäume zeigen ein ähnliches Bild. © Archiv Prof. Stodulka

und Nachvollziehbarkeit der Passformgrundlage weit besser entgegengewirkt werden als bei einer unvollständigen oder nicht durchgeführten Dokumentation.

Da der Reiter und sein Sitz oft maßgeblich für das „Nichtpassen" eines Sattels mitverantwortlich zeichnen, muss auch die Passformüberprüfung mittels Druckmessmatten aus diesem Gesichtspunkt beurteilt werden. Auch ein unausbalanciert sitzender Reiter kann aufgrund der Entwicklung von Schmerzen, aber vor allem durch Erzeugung von Leiden und Schäden am Pferd massive tierschutzrelevante Problemfelder schaffen. Aus diesem Grunde ist auch der zügelunabhängige ausbalancierte Sitz des Reiters neben einem systematischen klassischen Training als angewandter Tierschutz zu sehen.

## ZÄUMUNG

Die Zäumung stellt als ältester Ausrüstungsgegenstand ein wichtiges Kommunikationszentrum zwischen Reiterhand und Pferdekopf [Nase (gebisslos), Maul (Trense, Kandare, Pelham)] her. Sie ermöglicht eine fein abgestimmte Interaktion zwischen der weich nachgiebigen, jedoch stehenden Reiterhand, welche sich nur aus einem unabhängigen, ausbalancierten Grundsitz ergeben kann. Die so genannte „weiche" Hand kann sich nur aus einem weichen, „mitatmenden" Schenkel und einer lockeren Mittelpositur im Becken und der Lende ergeben und ist nicht als gottgegebener Zustand anzusehen, sondern das Ergebnis eines jahrzehntelangen Sitztrainings auf vielen verschiedenen Pferden.

Eine gebisslose Zäumung und Zäumung auf Gebiss kann nur dann korrekt auf das Pferd wirken, wenn sich das Pferd in einer beigezäumten Kopf-Hals-Position befindet, da diese ansonsten den Zügelanzug im Sinne einer Parade oder eines Durchhaltens gegen die hinteren Zahnreihen oder in Richtung Stirn und nicht auf die Zungen/Ladenpartie und den knöchernen Nasenrücken wirken lassen.

Kontakt nimmt der Reiter zum Pferdemaul/zur Pferdenase auf, wohingegen das

Das Zaumzeug muss individuell an das jeweilige Pferd angepasst werden und darf dem Pferd keine Schäden und Schmerzen zufügen.
© Archiv Prof. Stodulka

Pferd durch systematische Gymnastizierung nach den Grundsätzen der klassischen Reitlehre das Nehmen von Anlehnung erst erlernen muss. Das Pferd „sucht“ die Hand resp. das Gebiss über die Dehnungsbereitschaft, welche aus der Seitbiegung und der damit verbundenen Rückentätigkeit stammt und nicht aus dem auf die Schulter verlagerten Schwerpunkt in überhöhtem Grundtempo im Zuge des falsch verstandenen „Vorwärts abwärts“ (V/A).

Die bereits in der HDv12 zitierte Anlehnung in die Tiefe, welche heute zu einer falschen Kopf-Hals-Position des V/A mutiert wurde, beschreibt lediglich die Kopf-Hals-Position eines Pferdes, das „über dem Zügel geht“ und seine natürliche Position auf der „Nulllinie“ auf Höhe des Buggelenks wiederfinden soll. Alle unphysiologischen Kopfhalspositionen, wie Rollkur oder absolute aktive Aufrichtung, bergen die Problematik biomechanischer Defizite, welche das System Pferd mitunter in einen Zustand des Schmerzes, Leidens oder sogar in einen physischen oder psychischen Schaden bringen können. Untersuchungen der Schweizer Weisshauptstudie belegen dies eindrucksvoll. Auch Untersuchungen zur Rollkur aus Neustadt Dosse lassen eine deutliche Verengung des Rachenraumes mit stark verändertem Durchblutungsverhältnis bei so überzäumt ausgebundenen Pferden erkennen.

Aus diesem Grunde ist der klassischen Kopf-Hals-Position nicht nur aus hippologischen Gründen, sondern auch aus tierschutzrelevanten Überlegungen der Vorzug zu geben. Zwanghafte Feststellung oder Einstellung des Kopfes durch Hebelgebisse oder Hilfszügelsysteme, um einen höheren Ausbildungsgrad vorzuspiegeln, sind aus fachlicher Sicht abzulehnen, da dieser nur durch systematische Balancefindung vom Boden und unter dem Sattel aus erlangt werden kann. Weder Gebisse noch gebisslose Zäumungen oder Hilfszügel dürfen als „Bremskraftverstärker“ gesehen oder als solche zur Anwendung kommen.

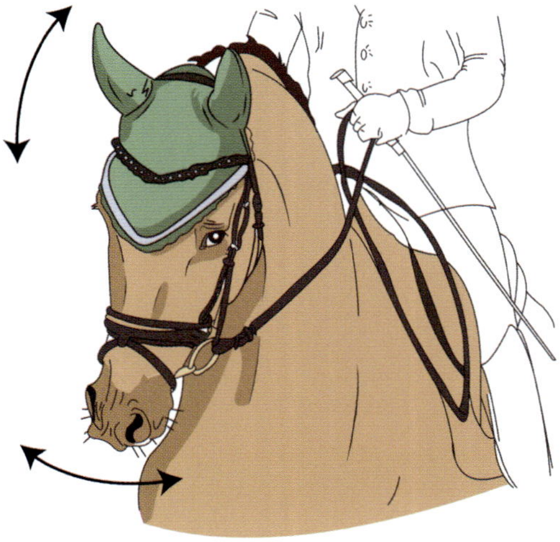

Zeichen des Diskomforts durch Verkanten des Genickes. © Simon and Sons

Gebisse für die klassischen Reitsportsparten (Dressur, Springen, Vielseitigkeit) müssen reglementkonform (OEPS, FN, FEI) sein oder den Reglements der Herkunftsländer (USA, Spanien, Portugal, Island u. dgl.) in Anwendung, Verschnallung und Führung entsprechen und dürfen die Pferde nicht verletzen.

Alle Gebisse müssen der Maulbreite des Pferdes entsprechen und je nach Konstruktion (einfach oder doppelt gebrochen) um 1 cm größer sein, um die Maulwinkel nicht einzuklemmen. Stangengebisse werden so ausgewählt, dass diese leicht an den Maulwinkeln anliegen. Die Länge des Oberbaumes und der Zungenfreiheit ergibt sich in der Regel aus der Ladentiefe, die Länge des Unterbaumes sollte im Verhältnis 1 : 1, 1 : 1,5 oder 1 : 2 zum Oberbaum stehen, wenn ein Reiten in Anlehnung nach klassischen Grundsätzen angestrebt wird.

Um ein Pferd auf Kandare reiten zu können, muss dieses und auch der Reiter die dafür notwendige Kandarenreife erlangt haben. Darunter sind neben der technischen Handhabung von vier Zügeln auch die Beherrschung der feinen Hilfengebung und der Erwerb eines unabhängigen Grundsitzes aus-

Ob Ausbildungsgebiss MRS (links) oder Kandare mit Unterlegstrense (rechts) – alle Gebisse müssen der Maulbreite des Pferdes entsprechen. © Mag. Saskia Stodulka-Prethaler

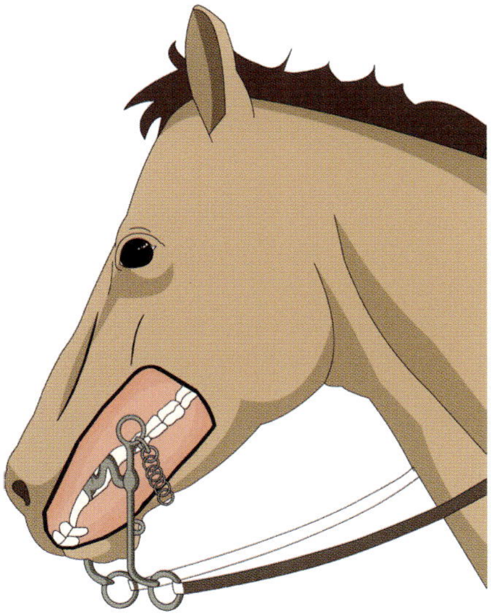

Die Kandare darf nicht zum Kaschieren von Ausbildungsmängeln verwendet werden, sondern dient lediglich der Verfeinerung der Hilfengebung.
© Simon and Sons

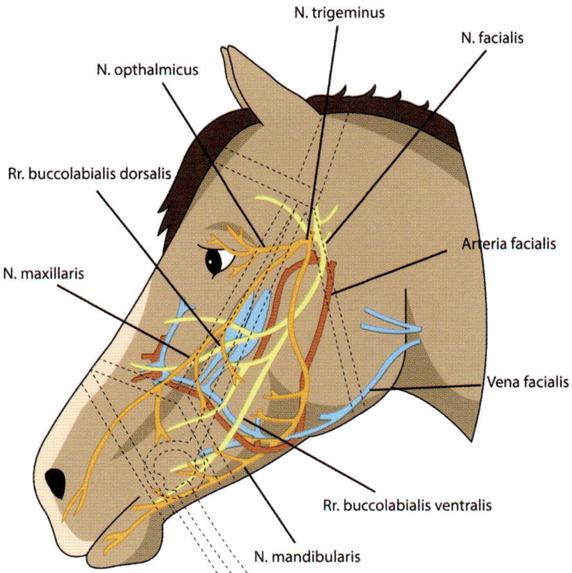


Ein nicht passendes bzw. zu eng verschnalltes Zaumzeug kann dem Pferd große Schmerzen verursachen.
© Simon and Sons

schlaggebend. Der Reiter muss in der Lage sein, alle Seitengänge und auch fliegende Galoppwechsel auf Trense, ohne zu ziehen, reiten zu können.

Die Kinnkette muss so eingelegt und beschaffen sein, dass diese bei Annehmen der Zügel des Hebelgebisses (Pelham, Sprungkandare, Kandare) die Unterbäume in einem Winkel von 45° stehen lässt.

Da bei jedem Gebiss die Schärfe ausschließlich von der Hand des Reiters bestimmt wird, ist jede Anwendung eines Gebisses im Einzelfall zu beurteilen. Von einer Stigmatisierung von Ausrüstungsgegenständen ist abzusehen, da das Werkzeug per se nur so scharf ist wie der Anwender desselben. Aus hippologischen Überlegungen wäre es wünschenswerter, das Ausbildungsziel eines Grand-Prix-Pferdes daran zu messen, ob es einhändig nur auf Stange geführt die gesamte Reprise auf feine Hilfe geritten zu leisten in der Lage ist, anstatt in der höchsten Stufe der Ausbildung die Vorstellung auf Trense und ohne Sporen zu propagieren. Derartige Forderungen haben weder etwas mit Tierschutz noch mit einem konkludenten Verständnis über den Sinn der klassischen Ausbildung und deren Zielsetzung zu tun.

Das Nasenband (Reithalfter) ist nach der klassischen Zweifingerregel zu verschnallen. Hierbei müssen zwischen dem Nasenrücken und dem Nasenband zwei aufgestellte Finger Platz finden können, um das Kauen und die freie Atmung des Pferdes zu gewährleisten.

## ZÜGEL – DIE FEINE VERBINDUNG VOM PFERDEMAUL ZUR REITER- UND FAHRERHAND

Die Zügel und Leinen beim Fahr- und Arbeitspferd übertragen die Signale der Hände des Reiters oder Fahrers auf das Gebiss oder auf andere Strukturen beim gebisslosen Zaum. Dabei können insbesondere das Maul, die Zunge, die Laden, der Nasenrücken sowie die Gegend des Kiefergelenks und des Genicks hohen Belastungen ausgesetzt sein.[60]

Die Verwendung von Zügeln, Leinen und Longen bedarf daher einer einfühlsamen Hand. Sie dürfen weder unsachgemäß eingesetzt werden noch mit Schmerzen, Leiden oder Schäden für das Tier verbunden sein.

Auf den Einsatz von Hilfszügeln, wie insbesondere Schlaufzügeln, soll bei Ausbildung und Training verzichtet werden, da diese geeignet sind, Ausbildungsmängel zu kaschieren, und so einen wahren Trainingsfortschritt sogar vereiteln können. Ist ihr Einsatz ausnahmsweise erforderlich, so dürfen sie nur von erfahrenen Reitern mit feiner Hilfengebung eingesetzt und korrekt verschnallt werden, wobei sich auch hier wieder die Frage nach der zeitlichen Exposition und die Art der Anwendung, welche zeitlich massiv begrenzt zu sein hat, stellen wird.

Hilfszügel dürfen keine Zwangsmittel sein, die ein Pferd in eine bestimmte Position zwingen wollen, sondern sollen über kurze Zeiträume dem Pferd helfen, das „Geforderte" zu verstehen und umzusetzen und eine Dehnungsbereitschaft mit daraus resultierender Anlehnung zu erzielen.

Wird ein Pferd durch Zügelhilfen, Hilfs- oder Korrekturzügel (z. B. Schlaufzügel, Martingal, Gogue, Tiedemannzügel, Abbot Davies u. a.) häufig oder länger anhaltend in Spannung versetzt oder zu stark beigezäumt, so können erhebliche Schmerzen, Leiden oder Schäden entstehen, welche durch ein verhaltensbiologisch und hippologisch fachgerechtes Training vermeidbar sind.

Es muss der klassische Grundsatz gelten, dass nur ein Könner einen Hilfszügel zu Korrekturzwecken kurzzeitig einzusetzen vermag, jedoch ein Könner diesem, aufgrund seiner Kunst, nicht bedarf. Hilfszügel dürfen nicht dazu verwendet werden, Ausbildungs-

60 Vgl. Tierschutz im Pferdesport

mängel zu kaschieren, sondern sollen den Ausbilder daran erinnern, mehr Zeit in der Grundlagenausbildung zu verwenden.

Es gibt keine Abkürzungen in der klassischen Pferdeausbildung – das Pferd gibt Zeit und Art der Dauer vor und nicht der ökonomische Druck. Das Pferd gibt in der klassischen Ausbildung den Ausbildungsweg und den zeitlichen Rahmen vor. Alles, was diesem Grundsatz zuwiderhandelt, kann aus fachlicher Sicht mit Fug und Recht als nicht pferdegerecht und zumal auch schon als tierschutzwidrig klassifiziert werden.

Maßnahmen, die zu einer Hyperflexion des Genicks oder Halses (so genannte Rollkur) führen, sind tierschutzwidrig, da sie zu erheblichen Schmerzen und Leiden führen. Tierschutzwidrig ist es auch, Pferde im Stall, beim Transport oder auf dem Transportfahrzeug sowie außerhalb des Trainings und/oder ohne permanente Aufsicht auszubinden. Abzulehnen ist der Einsatz von Hilfszügeln auch auf dem Laufband oder in Führmaschinen.[61]

[61] Vgl. modifiziert Leitlinien Pferdesport

Der Aufsatzzügel z. B. ist der einzige Hilfszügel, der die Ganaschenwinkel des Pferdes öffnet und so das Aufrollen verhindert und das Pferd in der Balancefindung unterstützen kann , wenn er richtig, wie im Bild gezeigt, verschnallt wird. Jedes Instrument ist nur so gut wie die Hand, die es führt.

© Mag. Saskia Stodulka-Prethaler

## DER SPORN – DIE VERFEINERUNG DER SCHENKELHILFE

Sporen dienen zur Verfeinerung der Schenkelhilfen und sind nicht als „Gaspedal" für besonders triebige Pferde zu verstehen. Auch muss der Reiter über eine entsprechende „Sporenreife" verfügen, was erst dann der Fall ist, wenn dieser über einen ausbalancierten und vor allem zügelunabhängigen Sitz verfügt.

Ein nach den klassischen Grundsätzen vorbereitetes Reitpferd wird diese Hilfe, mit Reitertakt wohldosiert eingesetzt, als fein abgestimmtes Kommunikationsmittel verstehen. Der Sporn muss so beschaffen sein, dass er keine Hautverletzungen bei fachgerechtem Einsatz erzeugt.

Ein Reiter muss sich die „Sporen erst buchstäblich verdient" haben, was er durch seinen ausbalancierten unabhängigen Sitz sowie durch das kunstgerechte Nachreitenkönnen verschiedener weit ausgebildeter Pferde unter Beweis gestellt haben muss.

Ein altes spanisches Sprichwort sagt, dass demjenigen der Sporn weh tun muss, der sie dem Pferd gibt! Wie bei allen Hilfengebungen und deren evtl. Verstärkungen muss die Ratio vor der Emotion stehen.

Nur wer die Sporenreife erlangt hat, darf Sporen benutzen. © Archiv Prof. Stodulka

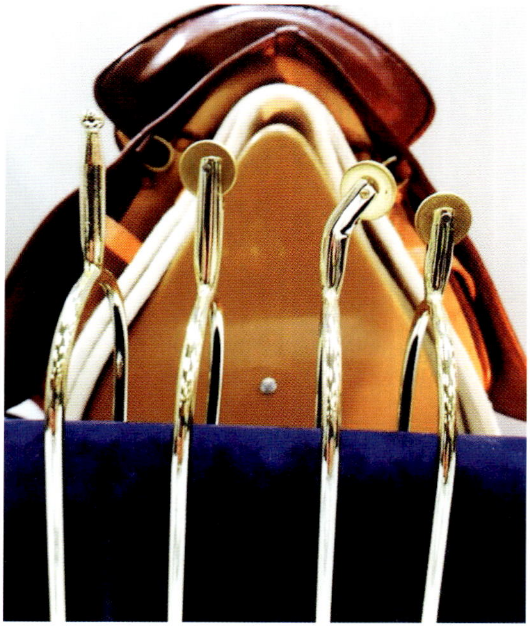

Auch hier gilt, dass der Sporn dem Pferd keine Verletzungen zufügen darf, sondern nur als feines Kommunikationsmittel eingesetzt werden darf. © Archiv Prof. Stodulka

## PEITSCHEN UND GERTEN

Peitschen und Gerten dienen als so genannte künstliche Hilfen, als Verlängerung des Armes des Ausbilders und sind KEINE Schlaginstrumente, welche das Pferd einschüchtern, in Angst versetzen oder gar verletzen dürfen.

Die Peitsche darf nur als verlängerter Arm, aber niemals als Schlaginstrument verwendet werden. Der Einsatz der Gerte heißt Touchieren, was mit Berühren übersetzt werden kann. © Mag. Saskia Stodulka-Prethaler

## UNERLAUBTE HILFSMITTEL UND MANIPULATIONEN

Unerlaubt und tierschutzwidrig ist die Durchführung von Manipulationen oder die Anwendung von Hilfsmitteln, durch die einem Pferd bei Ausbildung, Training und Nutzung ohne vernünftigen Grund Schmerzen und/oder Angst zugefügt werden oder durch die Leiden oder Schäden entstehen können.

Es gibt keinen vernünftigen Grund, wenn dieser möglicherweise auch in der gewinnbringenderen Vermarktung eines Pferdes zu suchen sein möchte, was jedoch keinen solchen darstellen kann, für beispielsweise:

- die Anwendung stromführender Hilfsmittel, wie Elektrotreiber, Führmaschinen mit stromführenden Treibhilfen, stromführende Sporen, stromführende Peitschen und Gerten,
- die Durchführung von Manipulationen am Pferd zur Beeinflussung der Leistung wie Blistern, Soring, präparierte Bandagen oder Ähnliches,
- die Anwendung schädigender Beschläge oder das Anbringen von Gewichten oder Ähnlichem (Expandern, Running W u. dgl.) an den Extremitäten zur Steigerung der Sprungleistung oder Gangleistung,
- die Anwendung einer Methode des Barrens durch sehr tiefe Auflagen, schwere Stangen, kantige Profile, bewusstes Reiten von falschen Distanzen, um einen Abwurf zu provozieren u. dgl.[62]
- Negatives Clickern: Einstellen des Pferdes auf das „Clicksignal", welches durch Strom getriggert wird, wodurch eine negative Reaktionskette entsteht, in der das Pferd lernt, den Stromimpuls zu vermeiden, indem es dem „vorwarnenden" Clicker zuvorkommen möchte.[63]

---

[62] Leitlinien Pferdesport
[63] Leitfaden Pferdesport

# UNERLAUBTE EINGRIFFE

Ein Pferd mit Nervenschnitt (Neurektomie) auf einem Turnier starten zu lassen oder von ihm entsprechende sportliche Leistungen abzuverlangen, ist tierschutzwidrig, da dies zu Schmerzen, Leiden oder Schäden führen kann. Betroffene Pferde sind von Wettbewerben oder ähnlichen Veranstaltungen auszuschließen.

Künstliches Empfindlichmachen der distalen[64] Gliedmaßen durch scharfe Einreibungen (Soring) können durch Wärmebildkameras bildgebend erfasst werden und sind ebenso tierschutzwidrig wie aus hippologischer Sicht höchst verzichtbar.

Typische Schmerzhaltung eines Pferdes, das in Ruhe Entlastung sucht. Diese Schmerzhaltung kann als mittelgradig bis hochgradig bezeichnet werden und geht über einen milden Diskomfort weit hinaus. © Archiv Prof. Stodulka

Tierschutzwidrig ist es auch, die Tasthaare im Kopfbereich und/oder die Haare in den Ohren zu kürzen oder zu entfernen (so genanntes Clipping oder Clippen) sowie am Kronsaum zu rasieren, den Schweif zu kupieren, Teilamputation der Zunge bei handgemachten „Maulfehlern“ oder andere „kosmetische Eingriffe“, wie auch Behandlungen mit Nervengift, Durchtrennen der Schweifheber (Anglisieren), Schwitzgamaschen (Hals), Hoch- und Ausbinden im Stall über längere Zeit, übertriebener Aderlass, Pfeffern u. dgl.

Nur wenn die innere, aufrechte und ethische Haltung der Reiter auch zu einer hippologischen wird, werden sich derartige Machenschaften am Pferde aufhören. Solange Macht, Geld und Erfolg die Triebfedern sind, ist der tierschutzkonforme Umgang mit den Pferden in Gefahr, da es von den Proponenten nicht als unbedingte Verpflichtung und Notwendigkeit gesehen wird, sich einem Pferd gegenüber anständig zu verhalten.

64 Gliedmaßen unter Karpal- oder Sprunggelenk

# DOPING

Unter dem Begriff „Doping" versteht man die Verabreichung von Substanzen an Pferde oder die Anwendung von verbotenen Methoden mit dem Ziel einer Beeinflussung der natürlichen oder der aktuellen Leistungsfähigkeit. Im Pferdekörper dürfen grundsätzlich zum Zeitpunkt eines Wettkampfes keine Arzneimittel und keine körperfremden Substanzen in wirksamer Menge enthalten sein. Dieser Grundsatz gilt auch bei sonstigen Veranstaltungen, wie z. B. Zurschaustellungen. Es ist verboten, einem Pferd, an dem Eingriffe und Behandlungen vorgenommen worden sind, die einen leistungsmindernden physischen Zustand verdecken, Leistungen abzuverlangen, denen es wegen seines physischen Zustandes nicht gewachsen ist (§ 5 TSchG Abs 2. Zif. 7 und 9).

Es ist Aufgabe der Verbände, Anti-Dopingbestimmungen zu erlassen und ihre Ziele mit Hilfe ihrer Verbandsregeln zu verfolgen und durchzusetzen. Verstöße gegen die Anti-Dopingbestimmungen unterliegen verbandsinterner Ahndung. Werden Tatsachen bekannt, die den Verdacht eines Verstoßes gegen § 5 des TSchG Abs. 2 rechtfertigen, sind die zuständigen Behörden unverzüglich zu unterrichten.

Die Anwendung von Dopingmitteln an einem Pferd bei sportlichen Wettkämpfen oder ähnlichen Veranstaltungen sowie im Rahmen des Trainings ist tierschutzwidrig[65]:

- 7. einem Tier Reiz- oder Dopingmittel zur Steigerung der Leistung von Tieren, insbesondere bei sportlichen Wettkämpfen oder ähnlichen Veranstaltungen, zuführt;
- 8. ein Tier zu einer Filmaufnahme, Werbung, Schaustellung oder ähnlichen Zwecken und Veranstaltungen heranzieht, sofern damit Schmerzen, Leiden, Schäden oder schwere Angst für das Tier verbunden sind;
- 9. einem Tier Leistungen abverlangt, sofern damit offensichtlich Schmerzen, Leiden, Schäden oder schwere Angst für das Tier verbunden sind;

[65] § 5 TSchG Abs. 2 Zif. 7, Zif. 8 und Zif. 9

## DOPINGMITTEL UND DOPINGFORMEN

Doping kann in drei Formenkreise unterteilt werden:

- Steigerung oder Wiederherstellung der natürlichen Leistungsfähigkeit (u. a. auch durch Verabreichung körpereigener Substanzen oder physikalische Maßnahmen), Verabreichung von Schmerzmitteln, um das Erscheinungsbild eines „fitten" Pferdes zu erwecken.
- Herabsetzung der Leistungs- und/oder Reaktionsfähigkeit (negatives Doping), z. B. von Tranquilizern oder Sedativa
- unabsichtliche Verabreichung unerlaubter Substanzen (zufällige/ unwillentliche Aufnahme von Inhaltsstoffen durch das Futter, Verunreinigung von Futtermitteln/Behältnissen), Problematik der Gemeinschaftsfütterung mittels Futterwagen, irrtümliche

Medikamentenverabreichung, Rückstände von Arzneimitteln in Futterschalen, Kontamination von Ausrüstungsgegenständen (Trense, Gebisse) durch Hormonpräparate u. dgl. Gefahr des offenen Hauses § 970 ABGB Problematik für die Stallbetreiber und Turnierveranstalter.
- Erschwerung des Dopingnachweises.[66]

Aus Tierschutzgründen unterliegen auch Substanzen, die keinen direkten leistungsfördernden Effekt, sondern indirekt durch ihre therapeutische Wirkung einen leistungsmindernden physischen Zustand verdecken, im Wettkampf grundsätzlich einem Verbot. Bei akut oder chronisch kranken beziehungsweise verletzten Pferden ist davon auszugehen, dass ein leistungsmindernder physischer Zustand vorliegt und sich daher ihr Einsatz im Wettkampf und Training auf solchen verbietet.

Ebenfalls ist davon auszugehen, dass kranken oder verletzten Pferden im Wettkampf in der Regel Leistungen abverlangt werden, denen die Tiere aufgrund ihres physischen Zustands nicht gewachsen sind, weshalb dies zu unterbleiben hat. In diesem Kontext des Abverlangens von Leistungen, denen das Pferd im Moment nicht gewachsen scheint, ist auch die Vorstellung von Junghengsten auf Körungen und Jungpferdeauktionen und -prüfungen zu sehen, wenngleich hier auch keine verbotenen Substanzen verabreicht worden sind. Die Pferde können aus rein fachlichen Gründen über keine ausreichende Grundausbildung ob ihres jungen Alters verfügen, welche eine entsprechende Belastbarkeit des muskuloskelettalen Apparates, aber auch der Psyche sicherstellt. Dies gilt insbesondere, wenn Art und Schwere der Erkrankung oder der Verletzung eine medikamentöse Therapie erfordern. Pferde, bei denen Substanzen angewendet wurden, welche einen leistungsmindernden physischen Zustand verdecken, dürfen auch nicht an sportlichen Wettbewerben teilnehmen.

Die Rosseunterdrückung ist aus Tierschutzsicht kritisch zu beurteilen und sollte unterbleiben, da die Rosse per se ja keine behandlungswürdige Erkrankung darstellt und letztlich nur die physiologische Zyklustätigkeit beeinflusst werden soll, um an einem Wettbewerb teilnehmen zu können. Der vernünftige Grund ist hier aus tierschutzrechtlicher Sicht nicht gegeben. Gleiches gilt für die chemische Kastration von Hengsten, welche auf Turnieren im nationalen und internationalen Parkett verboten ist.

## DOPINGPROBLEMATIK, DOPINGKONTROLLE

Allen Personen, die mit Pferden umgehen oder diese nutzen, muss die Gesamtproblematik des Dopings bekannt sein, insbesondere das Verbot der Anwendung von Dopingmitteln bzw. einer verbotenen Medikation. Verantwortlich für die wirksame Durchführung von Dopingkontrollmaßnahmen sind in ihrem jeweiligen Verantwortungsbereich die Verbände, Veranstalter, Rennleitungen, Richter und die mit der Entnahme von Probenmaterial beauftragten Personen. Die Beurteilung, ob ein Verstoß gegen die betreffenden Vorgaben des Tierschutzgesetzes vorliegt, und deren Ahndung obliegt dabei im konkreten Einzelfall den nach Landesrecht zuständigen Behörden.

Dopingkontrollen werden stichprobenartig (zu Hause im Training) oder systematisch (bei ca. 30 % der sportlichen Veranstaltungen in Österreich) durch speziell ausgebildete Dopingtierärzte durchgeführt.

Es gilt in Österreich in Anlehnung an internationale Standards die „Nulllösung“, soll heißen, dass KEIN Inhaltsstoff oder Metabolit[67] in der Probe (Blut, Urin) nachgewiesen werden darf.

Die engmaschigen Dopingkontrollen gewährleisten einen „sauberen und fairen Sport“!

[66] modifiziert: Leitlinien Pferdesport

[67] Stoffwechselabbauprodukt

# WEITERE RECHTLICH RELEVANTE PUNKTE FÜR DEN REITER UND PFERDEHALTER

## STRASSENVERKEHR

Für die Straßenbenützung gilt für Reiter § 79 StVO. Grundsätzlich muss das 16. Lebensjahr vollendet, der Reiter körperlich geeignet und des Reitens kundig sein. Jüngere Personen dürfen nur in Begleitung von Erwachsenen die Straße benützen; es sei denn, dass die Nutzung im Rahmen eines landwirtschaftlichen Betriebes geschieht, wobei auch hier ein Mindestalter von zwölf Jahren zugrundegelegt wird.

Sofern Reitwege (Verkehrsschild: weißer Reiter auf blauem Hintergrund) vorhanden sind, dürfen nur diese genutzt werden.

Die Nutzung von Gehsteigen, Radwegen, Schnellstraßen und Autobahnen ist verboten.

Vorgeschrieben ist, dass Reiter bei schlechter Sicht, insbesondere bei starkem Nebel oder Dunkelheit, an der linken Seite eine nach vorne weiß und nach hinten rot leuchtende Laterne mitführen müssen. Anzuraten sind aber zusätzliche Warnausrüstungen, wie z. B. Warnwesten, reflektierende Pferdedecken, Gamaschen etc.

Auch wenn dies gesetzlich nicht vorgegeben und auch in Urteilen des OGH[68] nicht konkret judiziert ist, ist davon auszugehen, dass Kraftfahrzeuge beim Vorbeifahren aufgrund der Größe und der Eigenschaften einen größeren Seitenabstand zu Pferden als zu Fußgängern (< 1 m) einhalten werden müssen.

## REITEN IM WALD

Reiten im Wald ist ausschließlich nur mit Zustimmung des Waldeigentümers bzw. des Wegehalters gestattet, es sei denn, dass es sich um öffentliche Straßen oder Wege handelt, die als Reitwege gekennzeichnet sind.

Das Führen von Pferden an der Hand ist von diesen Verboten nicht umfasst. Jedenfalls ist aber bei durch Pferde verursachte Schäden der Halter zum Schadenersatz verpflichtet.

Reiten über fremden Grund ist nur mit Erlaubnis des Eigentümers gestattet. Dies gilt im Übrigen auch für Stoppelfelder. © Mag. Saskia Stodulka-Prethaler

[68] Oberster Gerichtshof (Österreich)

## PFERDETRANSPORT

Für Pferdetransporte sind die Bestimmungen des Tiertransportgesetzes BGBl.[69] I Nr 54/2007 i. d. F. Nr 130/22 (Verordnung (EG) NR 1/2005) zugrundezulegen. Für Tiertransporte über 65 km Wegstrecke (ausgenommen sind Fahrten im Zusammenhang mit sommerlicher Weidehaltung) muss ein Befähigungsnachweis und eine Zulassung als Transportunternehmer vorliegen. Kein derartiger Befähigungsnachweis ist jedoch für den Transport von Pferden zu Turnieren im Rahmen der Freizeitgestaltung bzw. Ausübung als Hobby erforderlich; dabei ist auf den der Fahrt zugrundeliegenden „wirtschaftlichen Zweck" abzustellen, sodass Profireiter für die Turnierteilnahme zum Zwecke des Gelderdienens diese Ausnahmeregelung nicht in Anspruch nehmen können.

Die höchste Förderungsdauer für innerösterreichische Transporte für Nutz- und Zuchttiere ist mit 8 Stunden begrenzt; sofern eine unumgängliche Notwendigkeit besteht, kann diese im Einzelfall auf maximal 10 Stunden ausgedehnt werden.

Die Voraussetzungen für die Lenkerberechtigung und die Ausstattung im Zusammenhang mit dem jeweiligen Transportmittel ergeben sich aus dem Führerscheingesetz und dem Kraftfahrgesetz. Das Raumangebot pro Pferd ist mit 0,7 mal 2,5 m vorgegeben.

Gefahrenträchtige Anbindung eines Pferde im Transporter am Kappzaum © Archiv Prof. Stodulka

Beim Transport eines Pferdes müssen alle Fahrzeugteile entsprechend gesichert und verschlossen sein. So ein Szenario birgt neben einer starken Augenentzündung weitere große Risken. © Archiv Prof. Stodulka

## REGISTRIERUNG IM VIS[70]

Nach dem 1. Juli 2009 geborene Pferde sind vor dem 31. Dezember des jeweiligen Geburtsjahres bzw. längstens binnen sechs Monaten nach dem Geburtsdatum zu registrieren, wofür der Besitzer/Eigentümer zuständig ist.

Zusätzlich ist aber seit Inkrafttreten der VO (EU) 2021/963 „Pferdepassverordnung neu" mit 7. Juli 2022 jeder Einstellbetrieb zur Registrierung verpflichtet. Jeder Einstellbetrieb hat eine LFBIS-Nummer oder eine VIS-Betriebsnummer zu führen und sämtliche Pferde, die länger als 30 Tage im Betrieb eingestellt sind oder aber den Betrieb verlassen, sind an den VIS-Betreiber ebenso zu melden wie Änderungen der Bewirtschaftung des Betriebes. Die Meldung ist binnen sieben Tagen vorzunehmen.

[69] Bundesgesetzblatt

[70] Verbrauchergesundheitsinformationssystem/Veterinärinformationssystem

Von dieser Meldeverpflichtung ausgenommen sind jedoch Pferde, die an Wettbewerben, Schauen, Trainings oder Holzrückeinsätzen teilnehmen, sofern diese nicht länger als 90 Tage dem jeweiligen Betrieb fernbleiben. Ausgenommen ist aber auch die Meldung von Zuchthengsten während der Zuchtsaison oder aber auch von Zuchtstuten für den Zeitraum von höchstens 90 Tagen.

Nachdem diese Bestimmungen seit 1. Jänner 2023 von den Veterinärbehörden kontrolliert werden, sind Tierhalter auch verpflichtet, während der Betriebszeiten, aber auch immer bei Gefahr im Verzug den behördlichen Kontrollorganen Zutritt zu den Betriebsräumlichkeiten zu gestatten, die notwendigen Auskünfte zu erteilen und die erforderlichen Unterlagen (insbesondere auch Pferdepässe!) vorzulegen. Die Unterstützung ist unentgeltlich zu erteilen. Diese Vorschriften gelten für sämtliche Arten von Pferdeeinstellbetrieben, egal ob gewerblich, landwirtschaftlich oder vereinsmäßige Betriebe.

Jedes Pferd muss im VIS registriert sein.
© Archiv Prof. Stodulka

Pferde, die an Wettbewerben oder Schauen teilnehmen, sind für den Zeitraum des Verbringens von der Meldepflicht ausgenommen.
© Mag. Saskia Stodulka-Prethaler

Dank des stabilen Zaunes können die Pferde auf diesem Reitplatz auch alleine laufen gelassen werden. Dennoch darf der Freilauf des Pferdes nur unter Aufsicht erfolgen, da Pferde sehr leicht die Abgrenzung überspringen können. © Archiv Prof. Stodulka

## ZÄUNE

Pferde sind Flucht- und Herdentiere, sodass die Rechtsprechung größtmögliche Sicherheit einfordert: Umzäunungen müssen daher gut sichtbar, stabil und möglichst ausbruchsicher gestaltet werden, wobei auch die Ortsüblichkeit in die Beurteilung mit einbezogen wird. Während die Rechtsprechung vor Jahren unbedingt feste Zäune statt Elektrozäune eingefordert hat, wird aufgrund der Entwicklung der Ausstattung der Elektrozäune, welche zwischenzeitlich wesentlich stabiler und vor allem achtungsgebietender ausgestattet sind, wohl auch der Einsatz derartiger Zäune zu akzeptieren sein. Wesentliches Kriterium der Beurteilung von Zäunen ist die Umgebung (Nähe von stark befahrenen Straßen u. a.).

Nicht verwendet werden dürfen aufgrund der Verletzungsgefahr Stacheldraht- und Knotengeflechtzäune sowie wegen Vergiftungsgefahr Robinienholz.

Zaunpfähle sollten eine Stärke von 9–12 cm, Eck- und Torpfosten eine solche von 14–16 cm aufweisen und 40–50 cm tief, Eck- und Torpfosten mindestens 70 cm tief im Erdboden versenkt werden; der Abstand der Pfosten ist mit maximal 5 m begrenzt.

Die Höhe einer Umzäunung ist mit 0,8-mal des Stockmaßes des größten Pferdes anzusetzen.

Mindestens zwei, besser jedoch mehr Querverbindungen sind vorzusehen, wobei die unterste Querverbindung mindestens 30 cm über dem Boden anzubringen ist. Querverbindungen können als Holz- oder Kunststoffplatten, Gummizugbänder oder Breitbänder ausgeführt werden.

Tore sind am besten mittig anzuordnen; dies in einer Breite von mindestens 3 m.

Hinsichtlich der Spannung an Elektrozäunen ist eine Untergrenze von 5000 V zu fordern und unbedingt Augenmerk auf eine ausreichende Erdung zu achten. Jedenfalls sind Zäune täglich einer Kontrolle zu unterziehen.

# KAUF/VERKAUF

## Gewährleistung

Im Zusammenhang mit dem Kauf oder Verkauf von Pferden ist zunächst darauf zu achten, ob Unternehmer oder Konsumenten nach dem Konsumentenschutzgesetz am Rechtsgeschäft beteiligt sind.

Denn die jeweils damit verbundenen Rechte sind verschieden:

Konsumenten gegenüber können die Rechte aus dem Titel Gewährleistung und Schadenersatz praktisch nicht eingeschränkt werden, wenn Unternehmer die Verkäufer sind. Als Unternehmer gelten im Wesentlichen jene Personen, die im Rahmen ihres (einschlägigen) Betriebes tätig werden. Beim Pferdeverkauf wird dies derzeit in der juristischen Praxis so ausgelegt, dass mehrere Pferde pro Jahr verkauft werden. Kaufgeschäfte zwischen Unternehmen oder zwischen Verbrauchern können demgegenüber vertraglich diese Rechte einschränken.

Die Haftung aus dem Titel der Gewährleistung (§§ 924 ff ABGB), welche grundsätzlich 2 Jahre ab Übergabe zu leisten ist, kann maximal auf 12 Monate verkürzt werden, wenn es sich um „gebrauchte Sachen" handelt, was für ältere Pferde (nicht aber Fohlen) anwendbar ist; es muss dies aber ausdrücklich vereinbart werden.

Weist das gekaufte Pferd einen Mangel (nicht zum bedungenen Gebrauch tauglich oder nicht dem ausdrücklich Vereinbarten entsprechend) auf, kann der Käufer vom Verkäufer die Herstellung des vertragsgemäßen Zustandes oder eine Preisminderung, sofern der Mangel aber nicht behebbar oder verbesserungsfähig ist oder vom Verkäufer die Behebung verweigert wird, die Rückabwicklung des Kaufes verlangen. Dabei ist zu beachten, dass der Käufer diesfalls auch das Recht hat, sämtliche von ihm erbrachten Aufwendungen (Tierarztkosten, Einstellgebühren, Transportkosten und dergleichen mehr) ersetzt zu begehren.

Gemäß § 924 ABGB wird, sofern ein Mangel innerhalb der ersten 6 Monate ab Übergabe hervorkommt, gesetzlich vermutet, dass dieser Mangel schon bei Übergabe vorhanden war. In diesem Fall muss der Verkäufer daher das Gegenteil beweisen.

## Schadenersatz

Parallel zu den Ansprüchen aus dem Titel der Gewährleistung kann auch Schadenersatz geltend gemacht werden. Im Unterschied zur Gewährleistung ist hier Verschulden des Vertragspartners nachzuweisen, insbesondere also, dass dem Verkäufer der Mangel bekannt war oder zumindest bekannt gewesen sein muss. Schadenersatzansprüche können innerhalb einer Verjährungszeit von 3 Jahren geltend gemacht werden.

## Irrtum

Darüber hinaus steht den Vertragsteilen auch eine Anfechtung des Vertrages aus dem Titel des Irrtums offen und zwar dann, wenn der Käufer bei Kenntnis des Mangels den Kaufvertrag gar nicht (wesentlicher Irrtum) oder nur zu einem geringeren Preis abgeschlossen hätte (unwesentlicher Irrtum). Wesentlicher Irrtum berechtigt zur Rückabwicklung des Vertrages, unwesentlicher hingegen zur Rückforderung eines Teiles des Kaufpreises. Voraussetzung für die Irrtumsanfechtung ist, dass der Irrtum vom Verkäufer (auch ohne Verschulden) veranlasst worden ist oder ihm unter Berücksichtigung sämtlicher Umstände auffallen hätte müssen.

### Verkürzung über die Hälfte

Schließlich ist noch die „Verkürzung über die Hälfte des wahren Wertes“ offen, welche ebenfalls von einem Verschulden des Verkäufers unabhängig ist, wie die Gewährleistung. Sofern es dem Käufer gelingt, nachzuweisen, dass der tatsächliche Wert des Pferdes zum Zeitpunkt der Übergabe weniger als die Hälfte des tatsächlich bezahlten und vereinbarten Kaufpreises ausgemacht hätte, kann der Käufer eine Rückabwicklung des Kaufvertrages beanspruchen.

Der Verkäufer ist aber berechtigt, diese Rückabwicklung durch Ersatz der Kaufpreisdifferenz zum tatsächlichen Wert abzuwehren.

Hilfreich im Zusammenhang mit der Verhinderung dieses Rechtsbehelfes der Verkürzung über die Hälfte ist der Einbau einer Klausel in den Vertrag, wonach der Käufer das Pferd aus besonderer Vorliebe um den vereinbarten Preis kauft und übernimmt.

Wie immer sollte ein derartiger Vertrag schriftlich erstellt und die Kosten der Beauftragung eines fachlich versierten Vertreters nicht gescheut werden; denn Reparieren ist in derartigen Fällen meist teuer. Auch darf darauf hingewiesen werden, dass beileibe nicht alle im Internet auffindbaren Vertragsmuster den im Einzelfall zugrundeliegenden Voraussetzungen entsprechen.

## HAFTUNG DES REITSTALLBETREIBERS

Ein Vertrag zur Unterbringung und Versorgung eines Pferdes wird nach Lehre und Rechtsprechung als Verwahrungsvertrag im Sinne des § 957 ABGB eingeordnet, weil die Obsorge (Schutz des Pferdes vor Schäden) vordergründig ist und üblicherweise kein eigener Mietvertrag für die Pferdebox abgeschlossen wird. Der Einstellbetrieb als Verwahrer ist daher verpflichtet, jede „Verschlechterung“ zu vermeiden, also jedweden Schaden hintanzuhalten. Für die Beurteilung sind die Kriterien Üblichkeit und Zumutbarkeit entscheidend.

Der Verwahrer und nicht der Einsteller muss daher beweisen, dass ihm im Schadensfall keine Sorgfaltspflichtverletzung vorgeworfen werden kann. So haftet der Einstellbetrieb sogar dann, wenn das bei ihm eingestellte Pferd aus nicht aufklärbarer Ursache in seiner Box/in seinem Betrieb stirbt.

Mietrechtliche Bestimmungen kommen daher im Zusammenhang mit dem Einstellvertrag nicht zur Anwendung, sodass gemäß § 963 ABGB eine Aufkündigung grundsätzlich nach Belieben möglich ist, wobei aber unabhängig von vertraglichen Beschränkungen grundsätzlich eine angemessene Kündigungsfrist (üblicherweise ein Monat) einzuräumen ist.

Der Stallbetreiber haftet aber gemäß § 970 Abs. 2 ABGB nicht nur für das eingestellte Pferd, sondern auch für die für das Pferd benötigten Sachen, welche an einem dafür bestimmten Ort im Stall gelagert bzw. in der Nähe des Pferdes aufbewahrt werden. Zugangsbeschränkungen auf „befugte Personen“ durch Anschlag sind dabei wirkungslos. Auch vereinbarte Haftungshöchstgrenzen sind, auch wenn sie ausdrücklich vereinbart werden, nur bedingt wirksam.

Der Stallbetreiber haftet somit nicht nur für eigenes Verschulden und das seiner Erfüllungsgehilfen, sondern auch für die Schadensverursachung fremder, ein- und ausgehender Personen, also auch für Diebe, Lieferanten und sonstige Fremde.

## TIERHALTERHAFTUNG

Nach § 1320 ABGB haftet derjenige für den durch ein Tier verursachten Schaden, der dieses dazu angetrieben, gereizt oder die Verwahrung vernachlässigt hat. Der Tierhalter ist aber jedenfalls dann verantwortlich, wenn er nicht beweist, dass er für die erforderliche Verwahrung oder Beaufsichtigung des Tieres gesorgt hat (Beweislastumkehr, Gefährdungshaftung!).

Tierhalter ist nicht nur der Eigentümer, sondern auch allenfalls der Pächter, der Mieter, der Mitreiter oder der Entlehner, schließlich aber auch der Einstellbetrieb.

Die Frage, ob der Halter die gebotene Sorgfalt angewendet hat oder nicht, ist im Einzelfall nach den Kriterien der Üblichkeit und der Zumutbarkeit, aber auch nach den allgemein anerkannten Regeln zu beurteilen, was üblicherweise im Rahmen eines gerichtlichen Prozesses durch die Einholung eines Sachverständigengutachtens geschieht.

Hinzuweisen ist, dass für die Haftung des Tierhalters ein objektiver Sorgfaltsverstoß genügt, sodass nicht auf das subjektive Verschulden des Tierhalters, sondern die objektiv geforderte Sorgfalt abzustellen ist. So wurde vom OGH judiziert, dass die Tierhalterhaftung auch bei plötzlicher Bewusstlosigkeit und damit verbundenem Verlust der Herrschaft über ein Pferdegespann durch den Halter greift (6 Ob 64/18g). Nach der Rechtsprechung wird für die Bemessung der im jeweiligen Fall nötigen Sorgfalt die Gefährlichkeit des Tieres, die Möglichkeit der Schädigung durch das spezifische Verhalten des Tieres und eine Abwägung der betroffenen Interessen entscheidend; das bedeutet, dass je größer die Gefährlichkeit des Tieres eingeschätzt wird, umso größere Sorgfalt angewandt werden muss (2 OP 174/21h). Allerdings wurde auch judiziert (2 OP 172/20p), dass der Pferdehalter im Rahmen seiner Verwahrungspflicht keine Vorkehrungen gegen einen Sabotageakt treffen muss, bei dem die Pferde durch einen Dritten nächtens aus der Koppel getrieben werden, selbst wenn 2 Jahre zuvor bereits ein ähnlicher Vorfall passiert ist (2 OP 172/20p).

Hervorzuheben ist in diesem Zusammenhang auch die Aufklärungspflicht über besondere Eigenschaften des jeweiligen Pferdes. Je größer die Schadensmöglichkeit ist, umso strengere Anforderungen sind daran zu knüpfen. Sind dem Halter Eigenschaften bekannt oder hätten ihm bekannt sein müssen, die eine Gefahrenquelle darstellen könnten (Nervosität, unberechenbares Verhalten, Unrittigkeit, Ausschlagen und dergleichen mehr), haftet er für das Unterlassen der erforderlichen Aufklärung und für die nach der Verkehrsauffassung üblicherweise zu erwartenden Vorkehrungen.

Es begründet jedoch keine Haftung des Tierhalters, wenn eine Person Schaden erleidet, die sich ohne jegliche Notwendigkeit dem Tier in solcher Weise genähert hat, dass sie verletzt werden kann und diese Person zumindest wissen konnte, dass sie das Tier zu Schadenszufügung veranlasst hat.

Es besteht Aufklärungspflicht über die besonderen Eigenschaften des jeweiligen Pferdes, vor allem über mögliche Gefahrenquellen im Umgang mit dem Tier. © Mag. Saskia Stodulka-Prethaler

# WERTERMITTLUNG EINES PFERDES

## NACH DEM SCHÄTZWERTMODELL VON UNIV. LEKTOR VR FTA MAG. DR. REINHARD KAUN© [71]

Der Verkehrswert eines „normalen" Reitpferdes, das sich nicht im Spitzensportsegment befindet, wird in der Regel nach dem Vergleichswertverfahren bestimmt. Hierzu werden diverse Internetportale und Preisvergleich mit Pferden gleichen Alters, Geschlechts, Rasse und Ausbildungsstand verglichen – zumindest 12 Stück (!), besser mehr, wobei der aktuelle Gesundheitszustand dieser Pferde in der Regel dem SV nicht bekannt ist. Hochleistungsportpferde (EM-, WM- oder Olympiapferde) werden in der Regel nicht in diesen Portalen angeboten, weshalb eine besonders eingehende Kenntnis der Materie vom Sachverständigen vorausgesetzt werden muss und natürlich dieser den speziellen Einzelfall in allen Facetten zu beurteilen hat.

„Ein Pferd, ein Königreich für ein Pferd!", sagte schon Richard III. Der Wert eines Pferdes ist sehr von der persönlichen Vorliebe abhängig.
© Marta Woltosz

Im Hinblick auf die Wertminderung werden in erster Linie die prognostische Entwicklungsmöglichkeit von klinischen Erscheinungen (Lahmheiten u. dgl.) und von radiologischen (!) Befunden (seinerzeit Röntgenklassen, dzt. Risikobefunde) OHNE LAHMHEITSGESCHEHEN herangezogen. Diese geben lediglich einen prognostischen Ausblick auf ein mögliches späteres Lahmheitsgeschehen bei sportlichem oder freizeitmäßigem Gebrauch.

Es gibt unterschiedliche Verfahren, den Wert eines Pferdes zu ermitteln:

- Sachwert- oder Ersatzwertverfahren
- Ertragswertverfahren
- Vergleichswertverfahren

Das Sachwertverfahren kann nur in der Fohlenaufzucht zum Einsatz kommen, da hierzu sämtliche „Gestehungskosten" mit in den Grundwert des Tieres einfließen und den Wert begründen (Decktaxe, Haltung der Mutterstute, Tierarztkosten, Aufzuchtkosten

[71] Kaun, R., Klinisch-forensische Veterinärmedizin, Forensische Hippologie Forensische Kynologie im Spiegel von Gutachten und Entscheidungen Band I, 2021, S. 10 ff.

etc.). Für ältere Tiere ist es nicht geeignet, da sich im Zuge der Jahre zu hohe, den reelen Marktwert nicht widerspiegelnde Kosten ergeben würden.

Ertragswertverfahren finden mehr in der Zuchthengstehaltung oder auch im Rennbetrieb und evtl. auch im Reitschulbetrieb Anwendung, wenn die Nutzungsdauer des Pferdes mit angenommenen Erträgen und Wertsteigerung aus dem Verkauf von Samen und Nachkommen und Gewinnprämien oder Vermietung noch entsprechend determiniert werden kann. Auch können evtl. Mischformen der Taxation zur Anwendung kommen, wenn das Pferd z. B. als gebuchtes Showpferd neben seinem „Grundwert" noch zusätzliche Erträge, durch belegbare Auftritte über die letzten Jahre untermauert, erwirtschaften hätte können.

Das folgende Taxationsmodell spiegelt die praktische und jahrzehntelange Erfahrung des Urhebers wider und ist auch dem individuellen Einzelfall anzupassen.

Die Wertermittlung von Pferden ist wie jede Taxation von Objektion in Österreich durch bestimmte Paragraphen im ABGB geregelt, welche die juristische Grundlage und den dafür entsprechenden Rahmen vorgeben.[72]

Im Gegensatz zu Autos oder anderen absolut nach Baujahr und Serie vergleichbaren Gegenständen ist bei Pferden immer eine Individualbeurteilung notwendig, eine „Eurotax für Pferde" gibt es nicht.

Von den gebräuchlichen Taxationsmodellen

- Vergleichswertverfahren
- Ertragswertverfahren
- Ersatzwertverfahren

ist keines für sich alleine immer geeignet, den Wert eines Pferdes zu einem definierten Zeitpunkt zu bestimmen.[73]

- **§ 303 ABGB: Schätzbare und unschätzbare Sachen**
  Schätzbare Sachen sind diejenigen, deren Wert durch Vergleichung mit anderen zum Verkehr bestimmt werden kann; darunter gehören auch Dienstleistungen, Hand- und Kopfarbeiten. Sachen hingegen, deren Wert durch keine Vergleichung mit anderen im Verkehr befindlichen Sachen bestimmt werden kann, heißen unschätzbare.
- **§ 304 ABGB: Maßstab der gerichtlichen Schätzung**
  Der bestimmte Wert einer Sache heißt ihr Preis. Wenn eine Sache vom Gericht zu schätzen ist, so muss die Schätzung nach einer bestimmten Summe Geldes geschehen.
- **§ 305 ABGB: Ordentlicher und außerordentlicher Preis**
  Wird eine Sache nach dem Nutzen geschätzt, den sie mit Rücksicht auf Zeit und Ort gewöhnlich und allgemein leistet, so fällt der ordentliche und gemeine Preis aus; nimmt man aber auf die besonderen Verhältnisse und auf die in zufälligen Eigenschaften der Sache gegründete besondere Vorliebe desjenigen, dem der Wert ersetzt werden muss, Rücksicht, so entsteht ein außerordentlicher Preis.
- **§ 306 ABGB: Welcher bei gerichtlichen Schätzungen zur Richtschnur zu nehmen**
  In allen Fällen, wo nichts anderes entweder bedungen oder von dem Gesetze verordnet wird, muss bei der Schätzung einer Sache der gemeine Preis zur Richtschnur genommen werden.

---

[72] Kaun, www.pferd.co.at

[73] Vgl. Kaun. R., Klinisch-forensische Veterinärmedizin, Forensische Hippologie, Forensische Kynologie im Spiegel von Gutachten und Entscheidungen Band I, 2021, S. 10 ff.

Aus diesem Grunde kommt dem Schätzwertmodell von SV Dr. Kaun besondere Bedeutung zu, da dieses ein praktikables Modell ist und den praktischen Lebenserfahrungen in der Taxation von Pferden sehr nahekommt. Die dahinterstehende Systematik wird im Folgenden erläutert.

I. **Bewertung nach Lebensabschnitt**
Prinzipiell ist das „Schätzsubjekt" (und nicht „-objekt") zunächst grob zu klassifizieren: Bei diesem ersten Bewertungsschritt soll eine Bewertungsbasis erarbeitet werden. Es hat sich gezeigt, dass dieser Wert am ehesten durch Vergleich mit ähnlich gelagerten Vergleichssubjekten zu schaffen ist. Ein Ertragswertmodell ist naturgemäß nur dort zielführend, wo ein Tier „Leistung" produziert. Die Ersatzwertmethode ist die am wenigsten befriedigende Methode, weil die Individualität und Einzigartigkeit eines Tieres völlig negiert wird.

**Gruppe A:** Pferd im Alter von Geburt bis Eintritt ins Arbeitsleben: 0–3 bis 4 Jahre Jungpferd Jahre

**Gruppe B:** Pferd im aktiven Arbeitsleben: ab 3. bis 4. Lebensjahr bis siehe Tabelle.

Um den Wert eines Pferdes zu ermitteln, ist stets eine Indivualbeurteilung nötig.
© Mag. Saskia Stodulka-Prethaler

| Jungpferd | Lebensjahr | Nutzungsdauer |
|---|---|---|
| Zuchtpferd | ~ 20 | 16/17 Jahre |
| Freizeitpferd | ~ 18 | 4/15 Jahre |
| Schulpferd | | 4 bis 5 Jahre |
| Sportpferd Kl. A/0 | ~ 15 | 11 Jahre |
| Sportpferd Kl. A | ~ 15 | 10 Jahre |
| Sportpferd Kl. L | ~ 15 | 9 Jahre |
| Sportpferd Kl. M | ~ 15 | 8 Jahre |
| Sportpferd Kl. S | ~ 15 | 7 Jahre |

Bewertung des Pferdes nach seinem Alter
© Werbeagentur Rypka, nach Quelle: mit freundlicher Genehmigung Schätzwertmodell für Pferde Dris Kaun © www.pferd.co.at

**Gruppe C:** Pferd nach dem Ausscheiden aus dem aktiven Arbeitsleben

II. **Grundwert ohne werterhöhende Faktoren (Vergleichswert)**
Der Marktwert eines nach Alter, Geschlecht, Rasse und Verwendungszweck vergleichbaren Pferdes betrug zum Vorfallszeitpunkt den Betrag X: Aus den Erhebungen für deutsche Absatzveranstaltungen ist z. B. ein Ankaufspreis € XY ermittelt worden. Das Mittel daraus wird als Grundlage für die weitere Schätzwertberechnung im Vergleichswertverfahren in der Höhe von € Z verwendet.

Erträge durch Zuchteinsätze in Zukunft, basierend auf nachgewiesener Nachfrage eines Hengstes, Samenverkäufe, Renngewinne müssen in diesem Punkt auch berücksichtigt werden

III. **Bewertung nach werterhöhenden oder wertmindernden Faktoren**
Die „Feinabstimmung" hat dann auf der Basis des Grundwertes nach einem Katalog von Kriterien zu erfolgen, deren Gewichtung unterschiedlich ist. Es fließen in diese Bewertung ausschließlich belegte Eigenschaften und Leistungen ein. Leistungseignung und Leistungsbereitschaft sind gleichermaßen wichtig. Hypothetische Eigenschaften können bestenfalls als vielversprechende Anlagen, z. B. aufgrund einer besonderen Abstammung, Eingang finden.

## Bewertung des Pferdes nach werterhöhenden oder wertmindernden Faktoren

### Klasse I : hoher Bedeutungsgrad

- Interieur
  - Temperament
  - Charakter

- Exterieur
  - Typ
  - Ausstrahlung
  - Fundament/Gelenke/Winkelung/Rücken
  - Bemuskelung

- Grundgangarten: nach den Lichtbildern (statisch)
  - Schritt
  - Trab
  - Galopp
  - Spezialgangarten

- Erreichte Stufe der Ausbildungsskala
  - Takt
  - Losgelassenheit
  - Anlehnung
  - Geraderichten und Biegen
  - Schwung
  - Versammlung

- Eigenleistung
  - Rittigkeit
  - Springeigenschaften

- Reitpferde/ Zuchtpferde
  - Klasse A0 oder Zuchtpferd mit vielversprechendem Pedigree (x 1,2)
  - Klasse A oder Zuchtpferd mit 1–2 Nachkommen (x 1,4)

  - Klasse L oder Zuchtpferd mit 3–4 Nachkommen (x 1,6)
  - Klasse M oder Zuchtpferd mit 5–6 Nachkommen (x 1,8)
  - Klasse S oder Zuchtpferd mit vielen guten Nachkommen (x 2,0)
  - Klasse S international oder außergewöhnliches Zuchtpferd mit vielen hervorragenden Nachkommen (x 2,2–2,5)

- besondere Ausbildungen
  - Stuntpferd
    - Therapiepferd
    - Zirkuslektionen
    - Stuntpferd
    - Showpferd
    - Andere
  - Fahrpferde
    - Einspännig
    - Zweispännig
    - Vierspännig
    - Andere

- Verkehrswertmindernde Faktoren
  - Verbleibende Nutzungsdauer
  - Gesundheitliche Wertminderung
    - Lahmheit
    - Herz-, Atmungs- oder Kreislaufapparat
    - Verdauungsapparat
    - Fruchtbarkeit
    - Störnarben
    - Verhaltensauffälligkeiten/Stereotypien
    - Neurosen im Hinblick auf Straßensicherheit
    - Verladesicherheit
    - Beschlagssicherheit
    - Manipulationsgefahr
    - Durchgehen
    - Anbinden
    - Alleinesein
    - Andere Angstneurosen

### Klasse II: mittlerer Bedeutungsgrad

- Abstammung

- Farbe

- Größe

- Bekanntheitsgrad und Marktbedeutung des Züchters

- Abzeichen

- Schönheitsfehler

- Geschlecht

- Haltung

- Ausbildung Englisch/Western

- Aufwendungen im Zeitraum des aktiven Eigentums
  - Decktaxe: €XXX
  - Fohlenankaufspreis
  - Kaufpreis: €XXX
  - Vergleichswert zum Zeitpunkt d. Vorfalles: gesund €XXX
  - Haltungs- und Einstellkosten: wie üblich
  - Pflegeaufwand ( Schmied, Tierarzt, Routinekosten)
  - Leistungsbedingter Mehraufwand
    - Ausbildung
    - Training
    - Ausrüstung
    - Fütterung

### Klasse III: geringer Bedeutungsgrad

- Futterverwertung
- Fresslust
- Einzelvorkommnisse ohne Spätfolgen

### Allgemeines

- Sämtliche Preisangaben sind zu belegen
- Vergleichswerte bei Preisangaben beziehen sich auf den gegebenen Zeitpunkt
- Eigenleistung ist – bei entsprechendem Nachweis – nicht mit Turniererfolg gleichzusetzen
- Haltungs- und Einstellkosten sind nach Üblichkeit angesetzt
- Jeder Mehraufwand muss belegt werden
- Fotos und Videos haben Beweiskraft für die Schätzung

© Quelle: mit freundlicher Genehmigung Schätzwertmodell für Pferde Dris Kaun © www.pferd.co.at

# HORSETAX® NACH PROF. STODULKA & DR. LECHNER

Da es im Gegensatz zu Fahrzeugen KEINE Eurotax-Liste für „gebrauchte" oder wertgeminderte Pferde gibt, kommt in der Taxation des Pferdes, vor allem auch im Hinblick auf seine Minderung durch physische und psychische Mängel in der Einzelbeurteilung dem hippologischen Sachverständigen eine enorme Bedeutung zu. In der Regel sind diese Wertabschläge Einzelfallentscheidungen, welche im Grundwert, Mangel (Bandbreite prozentueller Abschläge in der Regel durch die Klinik und Erfahrung des Sachverständigen begründet), vorgesehener Nutzungszweck und dem individuellen Erfahrungsschatz des Sachverständigen auf diesem Gebiet begründet liegen.

Da es wie in den anzuwendenden RöLF[74] KEINE evidenzbasierten Studien zu konkreten Wertabschlägen in Prozenten gibt, greift das Autorenteam auf seine drei Jahrzehnte lange Erfahrung als Gutachter, Fachtierarzt und Rechtsanwalt zurück und stellt hiermit eine Möglichkeit der Konkretisierung von möglicherweise beeinträchtigenden Wertminderungen, die den Gebrauch eines (Reit-) Pferdes einzuschränken in der Lage sind, zur Verfügung.

Als gedanklicher sowie fachlicher Ausgangspunkt hier für unsere Ansätze diente die seinerzeit von Pick et. al. und unter hippologischen Sachverständigen anerkannte Wertminderungstabelle aus dem Jahre 2008[75], welche sich in Tausenden von Taxationsverfahren bewährte und bislang die einzige Grundlage für Sachverständige darstellte, Wertminderungen prozentuell vorzunehmen. Auch diese waren weder evidenzbasiert noch entsprechend abgesichert und spiegelten lediglich die Erfahrungen der Autoren wider.

In vorliegender Zusammenstellung werden Maximal- und Minimalwerte angegeben, welche Tendenzen und einen individuellen Einschätzungsspielraum für den Sachverständigen erlauben, um zu einem konkreten zahlenmäßigen Ergebnis zu kommen, mit dem evtl. vom Richter oder im Rechtstreit eine Laesio enormis (Verkürzung über die Hälfte des wahren Wertes) begründet werden kann.

Als Grundlage der Wertminderung in Prozent dient der Schätzwert des nach dem Schätzwertmodell Dris. Kaun ermittelten Grundwertes eines „fehlerfreien", sohin „gesunden", Pferdes, wobei das Ausmaß der Wertminderung vom Umfang der Abweichung abhängig zu machen ist.

Bei den Mängeln im Handling und der Rittigkeit der Pferde ist anzumerken, dass aus sachverständiger Sicht der Umgang, der mit dem Pferd erfolgt, in den Fokus und in die Ge-

[74] Röntgenleitfaden

[75] Pick et. al.: Der Verkehrswert des Pferdes und seine Minderungen, 2008

Drohgesicht eines Pferdes, das dem Menschen nicht sehr zugetan ist. Charakterschwierigkeiten im Umgang können sich eventuell wertmindernd auswirken. © Archiv Prof. Stodulka

samtbeurteilung einzubeziehen ist, ähnlich wie bei der (verlorengegangenen) Rittigkeit, denn diese sind in vielen Fällen ursächlich für gravierende Verhaltensänderungen des Pferdes verantwortlich zeichnend und unter diesem Aspekt sachverständig hippologisch zu würdigen.

Auch ist die diesbezügliche Abwertung von der Beurteilung abhängig, ob überhaupt ein vertretbarer Umgang mit dem Pferd erreicht werden kann und wie lange Zeit eine Behandlung und welcher Aufwand zur Beseitigung des Mangels erforderlich erscheint. Hier spielt der individuelle hippologische Erfahrungsschatz des Sachverständigen für jede Einzelfallbeurteilung eine, um nicht zu sagen *die*, entscheidende Rolle.

Der Übersichtlichkeit wegen sind die Wertabschläge Organsystemen zugeordnet. Rittigkeits- und Verhaltensprobleme werden gesondert betrachtet. Da im Wesentlichen bei den Leistungen von Pferdeversicherungen Probleme des Bewegungsapparates dominieren, gefolgt von Gastrointestinal- und Lungenproblemen, werden der Gewichtung folgend die Problemkreise in entsprechenden Gruppen alphabetisch und auch thematisch zusammengehörend behandelt. Da für die Autoren die Reitbarkeit i. S. von uneingeschränkter Nutzbarkeit, sohin Lahmfreiheit, von Sport- und Showpferden gleichbedeutend sind, wird in diesem Kontext nicht unterschieden. Es werden Freizeit-, Sport- und Zuchtpferdeeignung aus forensisch-taxativer Sicht berücksichtigt.

Der individuelle Marktwert eines Pferdes richtet sich stets nach Angebot, Nachfrage und Vorliebe. Viele Pferde haben einen Preis, der oftmals vom tatsächlichen Marktwert divergiert. © Mag. Saskia Stodulka-Prethaler

Dieser Bandbreite zugrundeliegend ist die mehrere Jahrzehnte lange Erfahrung der Autoren als einschlägig tätige Sachverständige auf dem Gebiet der hippologisch-forensischen Taxation und soll als Richtschnur für den Sachverständigen dienen, der diese unter Einbeziehung der individuellen Zusammenschau des Einzelfalles in seine Expertise und Erfahrung einordnen kann.

Unterschiedliche Sachverständige können auch zu unterschiedlichen individuellen Einschätzungen und Ergebnissen kommen, wie sich dies auch in der Beurteilung von Röntgenbildern oder anderen bildgebenden Verfahren immer wieder zeigt. Die HorseTAX® bietet eine praktikable Möglichkeit, die wertmindernden Aspekte in der Taxation bei einem Pferd mit Befunden als Grundlage für eine richterliche Entscheidung zu schaffen, und erhebt keinen Anspruch auf Unfehlbarkeit oder alleinige Wahrheit.

Die einzelnen hippologisch-forensischen Formenkreise sind für die Übersichtlichkeit in der Tabelle farblich voneinander unterschiedlich dargestellt und in die Verwendungszwecke Freizeit, Sport und Zucht aufgeteilt. Die angegebenen Werte zeigen, um wie viel Prozent der Wert des Pferdes durch die jeweilige Diagnose gemindert wird.

# I. BEWEGUNGSAPPARAT

| | |
|---|---|
| Osteoarthrotischer Formenkreis (Arthrosen, PFS[76], chronisch degenerative Veränderungen) und Muskuloskelettale Erkrankung | Sehnenerkrankungen und Sehnenscheidenerkrankungen |
| | Griffelbeinfrakturen & Überbeine |
| Hufrehe | Huferkrankungen |
| OCD[77] | Neurologische und Verhaltensstörungen |

| | Freizeit in % | Sport in % | Zucht in % |
|---|---|---|---|
| Radiologische Veränderungen, ggr. (szt. RöKL II), kein Risiko gem. RöLF 2018, ohne Lahmheit | 10–20 | 10–20 | 0–10 |
| Radiologische Veränderungen, mgr. (szt RöKL III), kein Risiko gem. RöLF 2018, ohne Lahmheit | 20–30 | 20–30 | 15–25 |
| Radiologische Veränderuungen, hgr. (szt. RöKL IV), Risiko gem. RöLF 2018, ohne Lahmheit | 60–80 | 60–80 | 50–70 |
| Jeder Befund mit Lahmheit | 90–100 | 90–100 | 70–90 |
| PFS (Palmar Foot Syndrome), ggr.–mgr. (szt. RöKL II–III), mit Lahmheit | 60–100 | 60–100 | 60–80 |
| PFS (Palmar Foot Syndrome). hgr. (szt. RöKL-IV-Risiko), ohne Lahmheit | 70–90 | 70–90 | 70–90 |
| PFS (Palmar Foot Syndrome), hgr. (szt. RöKL-IV-Risiko), mit Lahmheit | 90–100 | 90–100 | 90–100 |
| Habituelle Patellafixation, chirurgisch behebbar | 40–60 | 40–60 | 90–100 |
| Patellafixation, konservativ behebbar | 40–60 | 40–60 | 90–100 |
| Haarriss (Fissur) ohne Gelenksbeteiligung | 20–40 | 20–40 | 20–40 |
| Haarriss (Fissur) mit Gelenksbeteiligung | 40–60 | 40–60 | 40–60 |
| Fraktur ohne Gelenksbeteiligung | 50–80 | 50–80 | 40–60 |
| Fraktur mit Gelenksbeteiligung | 80–100 | 80–100 | 70–100 |
| Radiologische Veränderungen des Rückens, mgr. (szt. RöKL III), ohne klinische Relevanz | < 10 | < 10 | < 10 |
| Radiologische Veränderungen des Rückens, mgr. (szt. RöKL III), mit klinischer Relevanz | 30–60 | 30–60 | 10–20 |
| Radiologische Veränderungen des Rückens, hgr. (szt. RöKL IV), ohne klinische Relevanz | 40–60 | 40–60 | 10–20 |
| Radiologische Veränderungen des Rückens, hgr. (szt. RöKL IV), mit klinischer Relevanz | 60–90 | 60–90 | 70–90 |

[76] Palmar Foot Syndrom, auch als Hufrolle oder Podrotrochlosesyndrom bekannt
[77] Osteochondrosis dissecans, auch als Chips bekannt

| | Freizeit in % | Sport in % | Zucht in % |
|---|---|---|---|
| Schweifschiefhaltungen, ggr. | < 10 | 10–40 | < 10 |
| Schweifschiefhaltungen, deutlich | 10–20 | 10–60 | < 10 |
| Veränderungen am ISG mit Lahmheit | 70–100 | 70–100 | 60–90 |
| Veränderungen am ISG ohne Lahmheit | 20–30 | 20–30 | < 20 |
| Hüfthöckerfrakturen, ggr., Asymmetrie | 20–30 | 20–30 | < 20 |
| Hüfthöckerfrakturen, mgr., Asymmetrie | 30–40 | 30–40 | < 20 |
| Hüfthöckerfrakturen, hgr., Asymmetrie | 50–60 | 50–60 | < 20 |
| Chronisch degenerative Veränderungen des Kiefergelenks mit Funktionsstörung | 60–100 | 60–100 | 60–100 |
| Genetische Muskelerkrankungen (PSSM1 u. dgl.) | 50–80 | 50–80 | 100 |
| Kreuzschlag, Tying Up mit klinischer Relevanz | 50–80 | 50–80 | 30–50 |
| Hufrehe, akut, ohne Senkung<br>Hufrehe, akut, mit Senkung < 7°<br>Hufrehe, akut, mit Senkung > 7° | 40–60<br>60–80<br>80–100 | 40–60<br>60–80<br>80–100 | 40–60<br>60–80<br>80–100 |
| Mit Lahmheit, chronisch | 100 | 100 | 100 |
| Ohne Lahmheit, chronisch, Senkung > 7° | 80–100 | 80–100 | 80–100 |
| Ohne Lahmheit, chronisch, Senkung < 7° | 60–90 | 60–90 | 50–70 |
| Fragment, < 0,5 cm, ohne Lahmheit | 10–20 | 10–20 | 5–10 |
| Fragment, < 0,5 cm, mit Lahmheit | 40–60 | 40–60 | 20–60 |
| Fragment, > 0,5 cm, ohne Lahmheit | 20–40 | 20–40 | 10–20 |
| Fragment, > 0,5 cm, mit Lahmheit | 70–90 | 70–90 | 40–60 |
| Tendinitis, akut, ohne Lahmheit | 60–80 | 60–80 | 20–40 |
| DSLD (degenerativ), ohne Lahmheit | 60–90 | 60–90 | 50–90 |
| Fesselträgererkrankung, ohne Lahmheit, vorne | 60–80 | 60–80 | 30–50 |
| Fesselträgererkrankung, ohne Lahmheit, hinten | 65–90 | 65–90 | 40–50 |
| Tendinitis, akut, mit Lahmheit | 70–90 | 70–90 | 30–50 |
| DSLD (degenerativ), mit Lahmheit | 70–90 | 70–90 | 70–90 |
| Fesselträgererkrankung, mit Lahmheit, vorne | 70–90 | 70–90 | 70–90 |
| Fesselträgererkrankung, mit Lahmheit, hinten | 70–90 | 70–90 | 70–90 |
| Chronische Tendinitis, ohne Lahmheit | 70–90 | 70–90 | 30–50 |
| Chronische Tendinitis, mit Lahmheit | 90–100 | 90–100 | 60–80 |
| Tendovaginopathie, akut, ohne Lahmheit | 40–60 | 40–60 | 20–30 |

| | Freizeit in % | Sport in % | Zucht in % |
|---|---|---|---|
| Tendovaginopathie, akut, mit Lahmheit | 60–80 | 60–80 | 30–40 |
| Tendovaginopathie, chronisch, ohne Lahmheit | 80–100 | 80–100 | 30–40 |
| Tendovaginopathie, chronisch, mit Lahmheit | 90–100 | 90–100 | 60–80 |
| Bursitiden (Stollbeule, Piephacke), ggr. | < 10 | < 10 | < 10 |
| Bursitiden, mgr. | 10–20 | 10–20 | < 10 |
| Bursitiden, hgr., den Bewegungsablauf behindernd | 20–50 | 20–50 | 10–30 |
| Genickbeule, mgr. | 25–45 | 25–45 | 20–30 |
| Genickbeule, hgr., Rittigkeit beeinflussend | 50–90 | 50–90 | 20–30 |

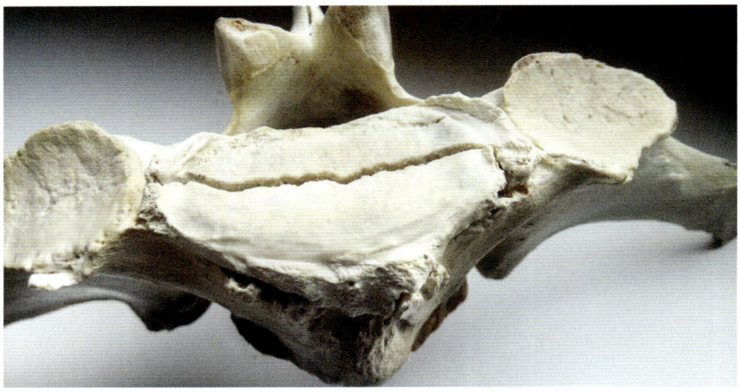

Wirbelkörperquerfraktur eines Lendenwirbels eines ehemaligen Rennpferdes mit schweren, bei Belastung wiederkehrenden Rückenproblemen, welche erst nach der Euthanasie und pathologisch forensischen Untersuchung zu Tage getreten ist und zuvor klinisch weder bildgebend noch diagnostisch erfasst werden konnte. © Archiv Prof. Stodulka

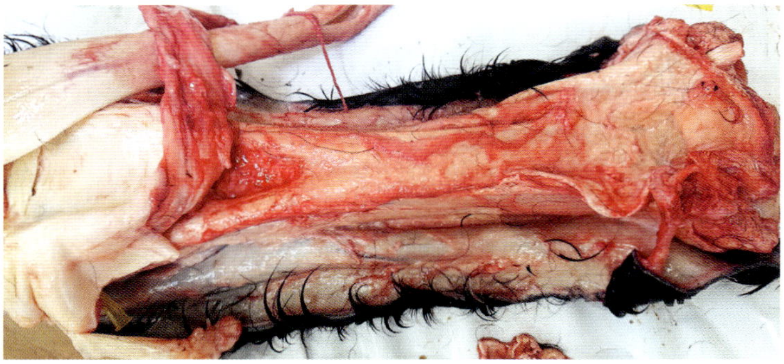

Sektionspräparat mit freigelegtem Fesselträger (*M. interosseos medius*): eine sehr starke Struktur, die schon eine massive Fehlbelastung benötigt, um pathologische Läsionen zu zeitigen. © Archiv Prof. Stodulka

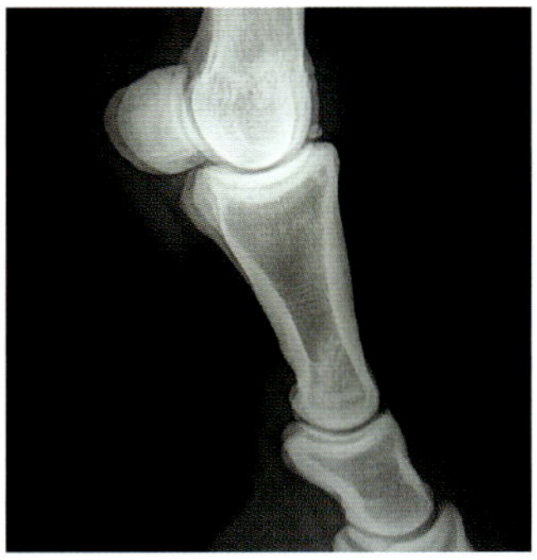

OCD-Fragmente, hier im Fesselgelenk, können je nach Anzahl, Größe und Lage zu einem Risikobefund führen. © Archiv Prof. Stodulka

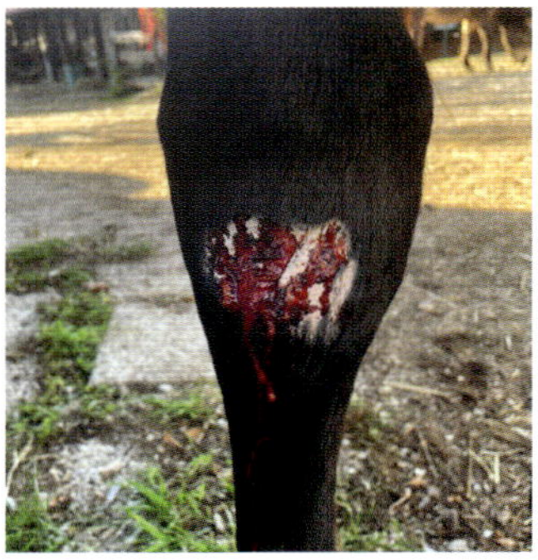

Offene Karpalgelenksverletzung eines Pferdes mit REM-Schlafmangel, früher Narkolepsie genannt, nach einem unvermittelten spontanen Zusammenbrechen. © Archiv Prof. Stodulka

| | Freizeit in % | Sport in % | Zucht in % |
|---|---|---|---|
| Exostose am Röhrbein, nicht schmerzhaft, < 1 cm | 5–10 | 5–10 | 5–10 |
| Exostose am Röhrbein, nicht schmerzhaft, > 1 cm | 10–20 | 10–20 | 5–15 |
| Exostose am Röhrbein, schmerzhaft, < 1 cm | 10–20 | 10–20 | 5–15 |
| Exostose am Röhrbein, schmerzhaft, > 1 cm und Lahmheit | 20–40 | 20–40 | 10–20 |
| Griffelbeinfraktur, ohne Lahmheit | 20–30 | 20–30 | 5–10 |
| Griffelbeinfraktur, mit Lahmheit (von distal bis Mitte) | 20–40 | 20–40 | 10–20 |
| Griffelbeinfraktur, mit Lahmheit (proximal) | 80–90 | 80–90 | 40–60 |
| Hornspalten, 1–2/Huf, ohne Lahmheit | 10–20 | 10–40 | 5–10 |
| Hornspalten, 1–2/Huf, mit Lahmheit | 40–60 | 40–60 | 20–30 |
| Hornspalten, > 3/Huf, ohne Lahmheit | 50–80 | 50–80 | 20–40 |
| Hornspalten, > 3/Huf, mit Lahmheit | 60–80 | 60–80 | 40–60 |
| Für jeden weiteren Hufspalt zum Grundwert > 3 | + 10–20 % | + 10–20 % | + 10–20 % |
| Hufknorperlverknöcherung, ggr. | 5–10 | 5–10 | < 5 |
| Hufknorpelverknöcherung, mgr. | 10–30 | 10–30 | 5–10 |
| Hufknorpelverknöcherung, hgr., ohne Lahmheit | 30–50 | 30–50 | 15–25 |
| Hufknorpelverknöcherung, hgr., mit Lahmheit | 60–90 | 60–90 | 60–90 |
| Bockhuf beim Fohlen, ggr. | 5–20 | 5–20 | 5–20 |
| Bockhuf beim Fohlen, mgr. | 20–30 | 20–30 | 20–30 |
| Bockhuf beim Fohlen, hgr. | 60–90 | 60–90 | 60–90 |
| Bockhuf, erwachsen, ggr. | 5–20 | 5–20 | 5–20 |
| Bockhuf, erwachsen, mgr. | 20–50 | 20–50 | 20–40 |
| Bockhuf, erwachsen, hgr. | 70–90 | 70–90 | 60–80 |
| Hufdeformationen, ggr. | 10–20 | 10–20 | 10–20 |
| Hufdeformationen, mgr. | 20–30 | 20–30 | 20–30 |
| Hufdeformationen, hgr. | 30–50 | 30–50 | 30–50 |
| Stellungsfehler, ggr. | 10–20 | 10–20 | 10–20 |
| Stellungsfehler, mgr. | 20–30 | 20–30 | 20–30 |
| Stellungsfehler, hgr. | 30–50 | 30–50 | 30–50 |
| Hufkrebs | 50–100 | 50–100 | 50–100 |

| | Freizeit in % | Sport in % | Zucht in % |
|---|---|---|---|
| Koppen, Aufsetzen | 30–40 | 30–40 | 40–60 |
| Koppen, frei | 50–60 | 50–60 | 60–80 |
| Verladeunfromm (nicht vom Händler provoziert) | 30–60 | 30–100 | 20–50 |
| Weben oder Mangelbewegungen | 10–20 | 10–20 | 10–20 |
| Scheuen | 10–80 | 10–80 | 10–50 |
| Kleben | 10–80 | 10–80 | < 10 |
| Widersetzlichkeit (Beißen, Schlagen, Steigen), Frage nach dem Umgang mit dem Pferd | 50–100 | 50–100 | 50–100 |
| Schmiedeunfromm | 50–100 | 50–100 | 50–100 |
| Tierarztunfromm | 50–100 | 50–100 | 50–100 |
| Headshaking-Pferd (noch) reitbar, aber schwer zu kontrollieren) | 50–100 | 50–100 | 20–50 |
| Headshaking – nicht mehr reit- und kontrollierbar | 100 | 100 | 80–100 |
| Ataxie | 100 | 100 | 100 |
| Shivering | 50–100 | 50–100 | 50–100 |
| Hahnentritt | 20–40 | 60–80 (Dressur) | 40–60 |
| Zungenstrecken, ggr. | 10–40 | 20–50 | 10–20 |
| Zungenlähmung, mgr.–hgr. | 50–100 | 50–100 | 50–100 |
| Verlust der Zunge ab ½ der Zunge durch Trauma | 50–100 | 50–100 | 50–100 |
| Kehlkopfpfeifer, Rohren, ggr. | 10–30 | 10–30 | 50–100 |
| Kehlkopfpfeifer, Rohren, mgr. | 20–40 | 50–80 | 50–100 |
| Kehlkopfpfeifer, Rohren, hgr. | 60–80 | 70–100 | 50–100 |

# II. INNERE ERKRANKUNGEN

| | |
|---|---|
| Herz-Kreislauf | Gastrointestinaltrakt & Geschlechtsapparat |
| Atmung | |
| Hauterkrankungen & Allergien | Augenerkrankungen |

| | Freizeit in % | Sport in % | Zucht in % |
|---|---|---|---|
| Herzerkrankungen, nicht leistungsbeinträchtigend | 20–30 | 20–30 | 20–30 |
| Herzerkrankungen, leistungsbeeinträchtigend | 50–100 | 50–100 | 50–100 |
| Obstruktion der Vena jugularis einseitig, ohne Leistungsdefizit und Stauung | 20–30 | 20–30 | 10–20 |
| Obstruktion der Vena jugularis, einseitig, mit Leistungsdefizit und ohne Stauung | 60–80 | 60–80 | 15–25 |
| Obstruktion der Vena jugularis, einseitig, ohne Leistungsdefizit und mit Stauung | 40–60 | 40–60 | 15–25 |
| Obstruktion der Vena jugularis, einseitig, mit Leistungsdefizit und Stauung | 60–80 | 80–100 | 25–50 |
| Beidseitige Obstruktion | 80–100 | 80–100 | 80–100 |
| Hempiplegia laryngis, ggr. | 10–30 | 10–30 | 50–100 |
| Hemiplegia laryngis, mgr | 20–40 | 20–40 | 50–100 |
| Hemiplegia laryngis, hgr. | 60–80 | 70–100 | 50–100 |
| Verlagerungen des Gaumensegels | 40–60 | 40–60 | 10–20 |
| Veränderungen des Gaumensegels | 40–60 | 40–60 | 10–30 |
| Entrapment der Epiglottis | 40–60 | 40–60 | 20–30 |
| Epiglottiszysten | 20–50 | 40–60 | 10–20 |
| Luftsackempyem | 20–40 | 20–40 | 20–40 |
| Steinbildung im Luftsack | 40–60 | 40–60 | 40–60 |
| Luftsackmykose | 70–90 | 70–90 | 40–60 |
| Bronchitis/Tracheitis, chronisch, ggr. | 10–20 | 20–30 | 10–20 |
| Bronchitis/Tracheitis, chronisch, mgr. | 20–50 | 30–50 | 20–30 |
| Bronchitis/Tracheitis, chronisch, hgr. | 80–100 | 80–100 | 50–90 |
| Equines Asthma, ggr. | 20–30 | 20–30 | 10–20 |
| Equines Asthma, mgr. | 30–50 | 30–50 | 20–30 |
| Equines Athma, hgr. | 80–100 | 80–100 | 50–100 |

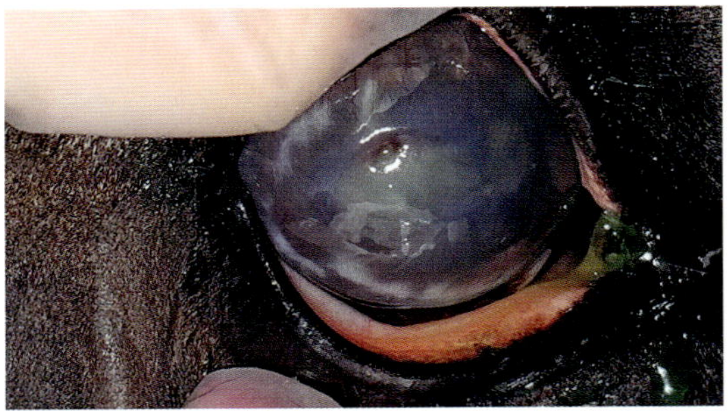

Ein Hornhautulcus knapp vor dem Durchbruch kann bei nicht fachgerechter Behandlung zur Erblindung eines Pferdes führen.

© Archiv Prof. Stodulka

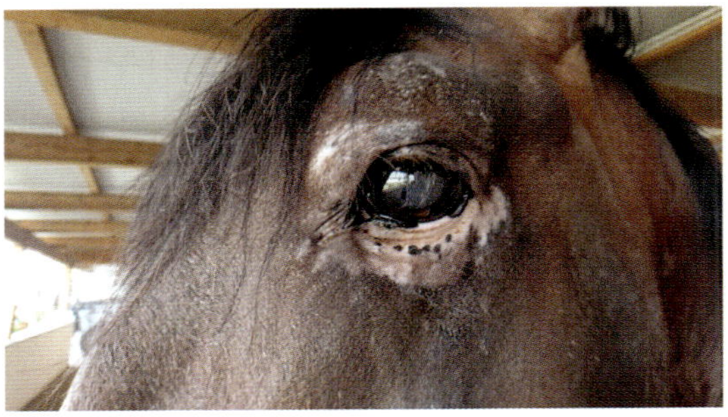

Die so genannte „Kupferbrille“ eines Pferdes als Zeichen eines Kupfermangels. Auch ist hier im vorderen Augenwinkel ein abgerissenes Traubenkorn nach einer starken externen traumatischen Einwirkung auf das Auge sichtbar geworden.

© Archiv Prof. Stodulka

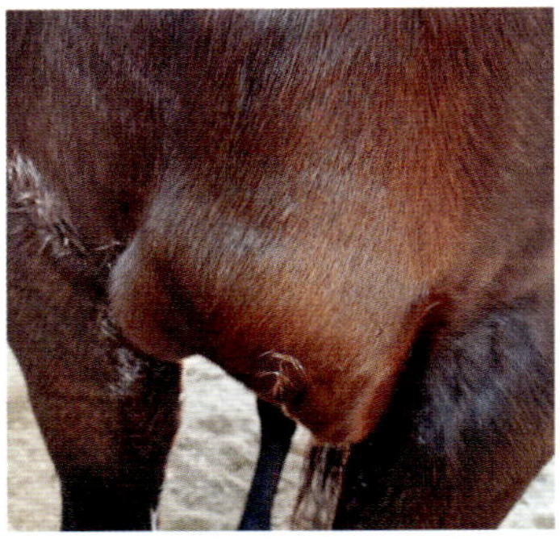

Schwellung nach intramusklärer Injektion. Die Applikation einer stark reizenden Substanz kann zur Kalzifizierung der gereizten Muskelpartie führen und somit auch zu einer funktionellen Einschränkung eines Pferdes.

© Archiv Prof. Stodulka

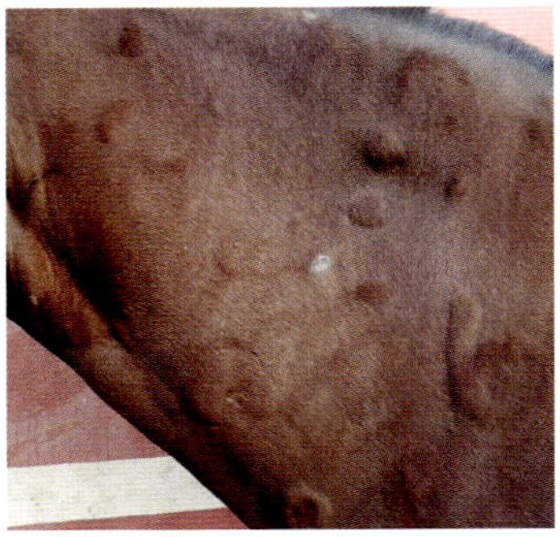

Urticaria, Nesselausschlag, eine allergische Reaktion, welche nicht zwingend ein Wertminderungsgrund sein muss.

© Archiv Prof. Stodulka

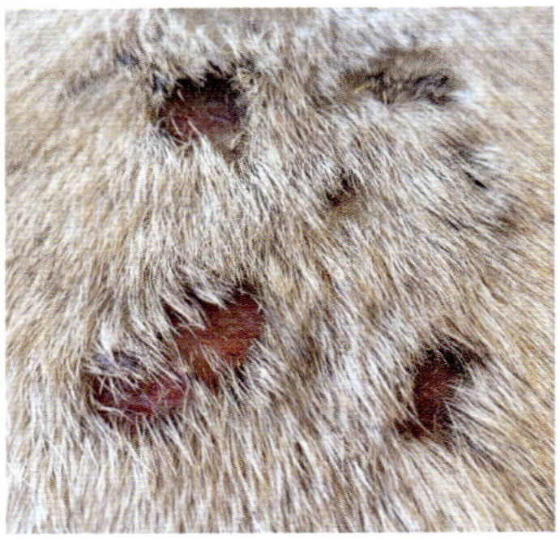

Chronische Hauterkrankungen, wie hier eine allergische Dermatitis oder auch Sommerekzem genannt.

© Archiv Prof. Stodulka

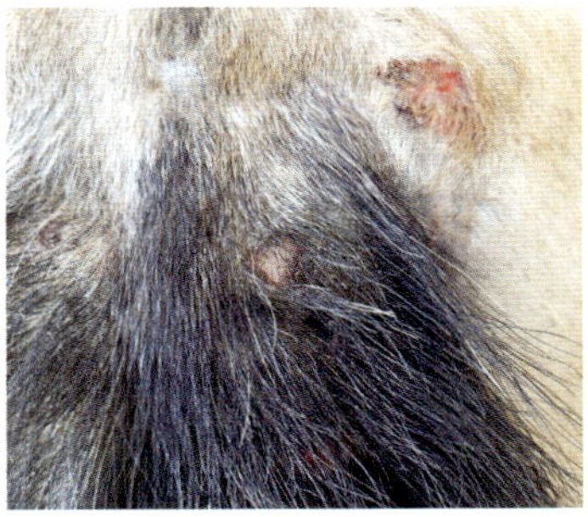

Klassische Stelle eines Sommerekzems mit Sekundärer Infektion der Reibestellen

© Archiv Prof. Stodulka

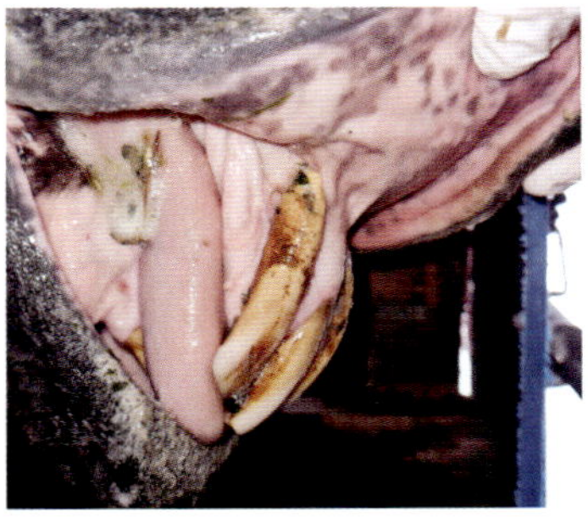

EOTRH bei einem älteren Pferd

© Archiv Prof. Stodulka

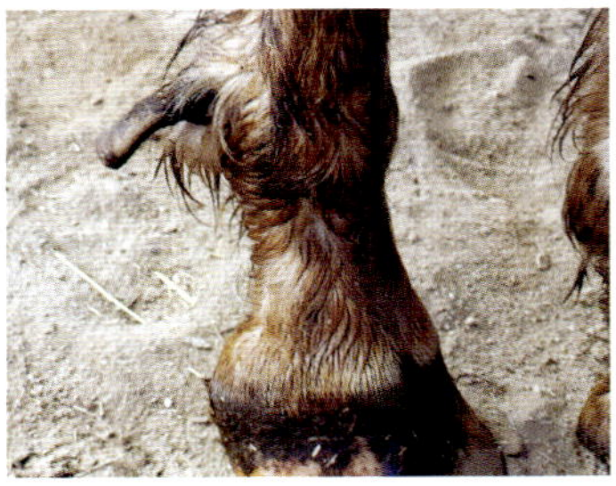

Ein Hauthorn oder Cornu Cutaneum kann bei zu großer Ausgestaltung die Bewegung des Pferdes behindern.

© Archiv Prof. Stodulka

| | Freizeit in % | Sport in % | Zucht in % |
|---|---|---|---|
| Zahnanomalien, Vorbiss | 10–30 | 10–30 | 10–30 |
| Zahnanomalien, Überbiss | 10–30 | 10–30 | 10–30 |
| Polydontie | 5–15 | 5–15 | 5–15 |
| Zahnfistel | 10–30 | 10–30 | 10–30 |
| Ektopische Zahnanlagen | 10–20 | 10–20 | 10–20 |
| Oligodontie | 5–15 | 5–15 | 5–15 |
| Defekt an Incisivus, pro Zahn | 10–30 | 10–30 | 5–10 |
| Zahnfistel nach OP, pro Zahn | 60–80 | 60–80 | 60–80 |
| Zahn- und Zahnfachentzündung, pro Zahn | 30–50 | 30–50 | 30–50 |
| Zahnfraktur pro Zahn | 20–30 | 20–30 | 20–30 |
| Umblicalhernie, < 2–3 Finger breit | 20–30 | 20–30 | 20–30 |
| Umbilicalhernie, > 3 Finger breit | 40–60 | 40–60 | 40–60 |
| Umbilicalhernie, > 3 Finger breit, mit Inkarzeration von Darmteilen | 60–90 | 60–90 | 100 |
| Hodenbruch beim Hengst, erwachsen | 30–50 | 30–50 | 100 |
| Hodenbruch beim Fohlen | 30–50 | 30–50 | 100 |
| Hydrocele | 20–40 | 20–40 | 100 |
| Samenstrangfistel, nach der OP | 20–40 | 20–40 | 100 |
| Samenstrangfistel, mit nachhaltiger Gangbildstörung, nach der OP | 50–80 | 50–80 | 100 |
| Kryptorchismus, 1 Hoden | 30–60 | 30–60 | 100 |
| Kryptorchismus, 2 Hoden | 40–80 | 40–80 | 100 |
| EGUS, Grad 1–2 | 20–40 | 20–40 | 10–20 |
| EGUS, Grad 3–4 | 30–60 | 40–80 | 20–40 |
| EGUS, Grad 5 | 60–80 | 80–100 | 40–70 |
| Kolik-OP-Narbe, weniger als 12 Monate rezidivfrei | 30–50 | 30–50 | 30–50 |
| Kolik-OP-Narbe, mehr als 12 Monate rezidivfrei | 10–30 | 10–30 | 10–30 |
| Narbenhernie nach OP | 50–100 | 50–100 | 50–100 |
| Unfruchtbarkeit, Stute | < 10 | 10–20 | 100 |
| Unfruchtbarkeit, Hengst | < 10 | 10–20 | 100 |
| Narbenbildungen, nicht beeinträchtigend | < 10 | < 10 | < 10 |
| Narbenbildungen, leistungsbeeinflussend | 50–80 | 50–80 | 50–80 |

| | Freizeit in % | Sport in % | Zucht in % |
|---|---|---|---|
| Neurektomienarbe | 90–100 | 90–100 | 90–100 |
| Allergische Dermatitis | 50–100 | 50–100 | 50–100 |
| Chronische Phlegmone, ggr., ohne Lahmheit | < 5 | 5–10 | < 5 |
| Chronische Phlegmone, mgr., ohne Lahmheit | 20–40 | 20–40 | 10–20 |
| Chronische Phlegmone, hgr., ohne Lahmheit (Elephantiasis) | 60–80 | 60–80 | 30–40 |
| Chronische Phlegmone, hgr., mit Lahmheit | 100 | 100 | 50–100 |
| Hauttumore, > als 2, ohne Leistungsbeeinträchtigung, an nicht mechanisch beanspruchten Stellen | 5–30 | 5–30 | 5–30 |
| Hauttumore, > als 2, mit Leistungsbeeinträchtigung, an mechanisch beanspruchten Stellen | 40–80 | 40–80 | 30–40 |
| Hauttumore, > als 2, ohne Leistungsbeeinträchtigung, an mechanisch beanspruchten Stellen | 20–60 | 20–60 | 20–60 |
| Bindegewebige Hautveränderungen, > 1 cm, schmerzhaft, Oberfläche verändert | 20–50 | 20–50 | 10–40 |
| Bindegewebige Hautveränderungen, > 1 cm, nicht schmerzhaft, Oberfläche verändert | 5–30 | 5–30 | 5–30 |
| Bindegewebige Hautveränderungen, < 1 cm, schmerzhaft, Oberfläche verändert | 10–30 | 10–30 | 10–30 |
| Bindegewebige Hautveränderungen, > 1 cm, nicht schmerzhaft, Oberfläche nicht verändert | 5–15 | 5–15 | 5–10 |
| Visusverlust, ggr., einseitig, vorübergehend | 10–20 | 10–20 | 10–20 |
| Visusverlust, hgr., einseitig, mit unsicherer Prognose | 30–50 | 30–50 | 30–50 |
| Visusverlust, ggr., beidseitig, vorübergehend | 50–100 | 50–100 | 50–100 |
| Visusverlust, hgr., beidseitig, mit unsicherer Prognose | 90–100 | 90–100 | 90–100 |
| Visusverlust, einseitig, unheilbar, mit möglicher progressiver Verschlechterung | 60–90 | 60–90 | 60–90 |
| Visusverlust, einseitig, unheilbar, sichtbar und nicht mehr sporttauglich | 90–100 | 90–100 | 90–100 |
| Visusverlust, beidseitig, unheilbar, mit möglicher progressiver Verschlechterung | 90–100 | 90–100 | 90–100 |
| Taubheit | 90–100 | 90–100 | 90–100 |
| UV-induziertes Headshaking | 50–100 | 50–100 | 50–100 |

## III. WERTMINDERUNG VON ZUCHTSTUTEN NACH UNIV. PROF. DR. J. & C. AURICH

### (Pferdeheilkunde 22 (2006), 1 (Januar/Februar), S. 23–28

Der Wert einer Stute für die Zucht wird zum einen durch den Zuchtwert bestimmt. Dieser wird anhand von Pedigree, Exterieur und Leistung (Eigenleistung, Nachkommenleistung, Geschwisterleistung) ermittelt und als tierzüchterisches Selektionskriterium in Zuchtprogrammen genutzt. Der Zuchtwert erlaubt keinerlei Aussage darüber, mit welcher Wahrscheinlichkeit bei der Stute Konzeption[78], Trächtigkeit und Geburt normal ablaufen können.

Die nach den Regeln der Kunst vorgenommene Zuchttauglichkeitsuntersuchung bei der Stute folgt einem definierten Untersuchungsvorgang, der durch den Stand der Reproduktionsmedizin beim Pferd vorgegeben ist und international weitgehend in gleicher Weise vorgenommen wird (z. B. Handler 1993, Handler 2005)

| | Wertminderung der Zuchtstute in % |
|---|---|
| Missbildungen des Genitaltraktes infolge Chromosomenanomalien | 100 |
| Höhergradige Verletzungen des Muttermundes | 100 |
| Ovarialtumoren | 100 |
| hochgradige Endometritiden mit Eiteransammlung im Uterus (Pyometra) | 80–90 |
| hochgradig gestörter Vulvaschluss | 80–90 |
| permanente Urovagina | 80–90 |
| Endometrose bzw. die hgr. Uterinzysten | 80–90 |
| Mgr. degenerative Veränderungen des Endometrium | 20–80 |
| Ggr. Endometriumszysten in Abhängigkeit von Alter, Vorbericht und klinischen Befunden | 20–80 |
| Ggr.–mgr. Endometriden in Abhängigkeit von Vorbericht und klinischen Befunden[79] | 20–80 |
| Gestörter Schamschluss- Pneumovagina | 20–80 |
| Stuten nach unilateraler Ovariektomie | 20–80 |
| Einseitige oder partielle Atrophie der Milchdrüse | 20–80 |
| Chronische Lungenerkrankungen | 20–80 |
| Störungen des Bewegungsapparates | 20–80 |

78 Aufnahme

79

| Kategorie | Veränderungen des Endometriums | Erwartete Abfohlrate |
|---|---|---|
| I | keine | über 80% |
| IIA | geringgradig | 50–80% |
| IIB | mittelgradig | 10–50% |
| III | deutlich/hochgradig | unter 10% |

# DIE AUTOREN

## PROF. MAG. DR. ROBERT STODULKA

© Robert Stodulka

Prof. Mag. Dr. Robert Stodulka ist Fachtierarzt für Physikalische und Rehabilitationsmedizin, Allgemein beeideter & gerichtlich zertifizierter Sachverständiger für Veterinärmedizin, Forensik, Hippologie, Kynologie und Pferdesport, sowie hippologische Forensik & forensische Kynologie, Unfallrekonstruktion, bei Sportunfällen im Pferdesport und bei der -haltung, Tierschutz, Haltung von Hunden, Katzen sowie Equiden. Prof. Stodulka ist österreichweit als Gerichtsgutachter und Privatgutachter auch in forensisch-hippologischer Prozessanalyse in Zivil- und Strafprozessen sowie auch für Versicherungen und Private tätig. Er lehrte 20 Jahre an der Veterinär-Medizinischen Universität (VMU) Wien, verfasste zahlreiche einschlägige Fachbücher zum Thema Pferdeausbildung und Biomechanik und begründete das geschützte und auf Tierschutzkonformität zertifizierte Ausbildungssystem für Pferde – die „Medizinische Reitlehre nach Dr. Stodulka®". Er betreibt seine eigene fachtierärztliche Praxis mit ganzheitlicher Ausrichtung in Wien und ist auch noch in der Schweiz, Deutschland und Spanien beruflich tätig. Seine über vier Jahrzehnte lange hippologische Tätigkeit als Reiter und Ausbilder konnte er bisher als erster und einziger Österreicher an der REAAE (königlich andalusische Hofreitschule in Jerez de la Frontera) vertiefen und unterrichtete als Dozent die Eleven und Bereiteranwärter in hippologischen, biomechanischen und historischen Grundlagen an der Spanischen Hofreitschule in Wien.

www.drstodulka.com

## RA EM. MAG. DR. PETER LECHNER

Seit 1979 ist er als Sachverständiger für Reiten und Pferdesport im Allgemeinen, Pferdehaltung zertifiziert und von Jugend an dem Pferdesport verbunden. Eigene turniermäßige Erfahrung im Fahren und Reiten (Dressur, Springen, Vielseitigkeit), Kurse bei vielen „Pferdefachleuten" sowie auch ständige Fortbildung brachten die notwendige Fachkompetenz mit sich. Neben der praktischen Ausübung des Pferdesports war er Lehrbeauftragter an der Bundessport-Akademie Innsbruck, langjähriger Präsident des Landesfachverbandes für Reiten und Fahren in Tirol und ist Berufsgruppensprecher der Reitbetriebe der Wirtschaftskammer Tirol, Präsident von TiSport (Dachverband der 47 anerkannten Sportfachverbände Tirols), Mitglied des Präsidiums des Tiroler Landessportrates und Vortragender. Die juristische Ausbildung und über 40-jährige Tätigkeit als Rechtsanwalt ermöglichen eine umfassende Sicht.

© Peter Lechner

www.sachverstaendiger-lechner.at

# LITERATUR


Albrecht, K., Dogmen der Reitkunst

Albrecht, K., Meilensteine auf dem Weg zur Hohen Schule

Aurich, J. und C., Pferdeheilkunde 22 (2006), 1 (Januar/Februar), S. 23–28 Zuchttauglichkeit und Wertminderung bei Stuten – ein Diskussionsbeitrag zur Taxation von Zuchtpferden

Bachmann, I., Nutzung und Wohlergehen von Pferden – Ein Widerspruch? Agroscope, Schweizer Nationalgestüt, 2017. S. 48–49

Binder, R., Das österreichische Tierschutzrecht, Juridica, 4. Aufl.

BMEL, Tierschutz im Pferdesport, bmel.de

Bohnet, W., Verhaltensmedizin. In: Handbuch Pferdepraxis. Enke Verlag, 2017. S. 1136–1146

Brade, W., et al. Pferdezucht, -haltung und -fütterung – Empfehlungen für die Praxis. Sonderheft 353, Landbauforschung, 2011.

Bundesamt für Lebensmittelsicherheit und Veterinärwesen (BLV) der Schweiz. Fachinformation Tierschutz. Pferden keine Schäden und Leiden zufügen, Juni 2018

Bundesministerium für Ernährung und Landwirtschaft, Leitlinien für die Veranlagungsprüfung von Hengsten der deutschen Reitpferdezuchten, August 2003

Coneglian, M. M., et. al; Use of the horse grimace scale to identify and quantify pain due to dental disorders in horses, Applied Animal Behaviour Science, Volume 225, April 2020, 104970

Deutsche Reiterliche Vereinigung, Richtlinien für Reiten und Fahren. Band 1, Grundausbildung für Reiter und Pferd. FN-Verlag, 2018

Deutsche Reiterliche Vereinigung, Richtlinien für Reiten und Fahren. Band 4, Haltung, Fütterung, Gesundheit und Zucht. FN-Verlag, 2019

Deutsche Reiterliche Vereinigung, Richtlinien für Reiten und Fahren. Band 6, Longieren. FN-Verlag, 1999

Deutsche Reiterliche Vereinigung, Pferde verstehen – Umgang und Bodenarbeit. FN-Verlag, 2015

Dyson, S., Ridden horse ethogramm

Geyer, H., Weishaupt, M. A., Der Einfluss von Zügel und Gebiss auf die Bewegungen des Pferdes – Anatomisch-funktionelle Betrachtungen. Pferdeheilkunde, 2006, S. 597–600

Handbuch Pferde und andere Equiden, Selbstevaluierung Tierschutz, 4. Auflage mit redaktionellen Änderungen der 3. Auflage (vom 23. 6.2020) aufgrund der Novelle der 1. Tierhaltungsverordnung, BGBl. II Nr. 296/2022, 2022, S. 10 und 11

Hirt, A., et al., Tierschutzgesetz – Kommentar. Verlag Franz Vahlen, 2016

Hollinger, T., Führungskräftetraining mit Pferden – Können Menschen von Tieren lernen. Igel-Verlag, 2014

Internationale Gesellschaft für Nutztierhaltung, Information über die 30. IGN-Tagung: Nutzung und Umgang mit Pferden in Sport und Freizeit. Tagungsband, 2017

Kaun, R., Sammelbände Veterinärmedizinische Forensik, Band 1–3, Downloads www.pferd.co.at

Kaun, R., Schmerzfeststellung beim Pferd, www.pferd.co.at

Kaun, R., Klinische und Forensische Veterinärmedizin, Entscheidungen und Gutachten

Kluge, K., Schüle, E., Tierschutz beim Pferd. In: Handbuch Pferdepraxis. Enke Verlag, 2017, S. 1148–1156

Kietzmann, M., Kluge, K., Doping im Pferdesport. Handbuch Pferdepraxis. Enke Verlag, 2017, S. 1186–1205

Knopfhart, A., Dressur von A–S

Kuratorium für Technik und Bauwesen in der Landwirtschaft (KTBL), Nationaler Bewertungsrahmen Tierhaltungsverfahren. KTBL-Schrift 446, 2006

Lochner, H., Fachstufe Landwirt – Fachtheorie für Tierische Produktion. BLV Buchverlag, 2015

McGreevy, P., et al., Equitation Science. Wiley-Blackwell Verlag, 2018

Meyer, H., Rigidität, Elastizität und Plastizität der angeborenen Dispositionen des Pferdes. Pferdeheilkunde, 31, 2015, S. 49–66

Montavon, S., Fürst, A., Tierärztliche Betreuung von Pferdesportveranstaltungen. Wird dem Tierschutz Rechnung getragen? 6. Leipziger Tierärztekongress, Band 2, 2012, S. 152–156

OEPS-Skriptum: Grundausbildung Dressur

OEPS-Skriptum: Dressur A–S

OEPS-Skriptum: Pferdehaltung

Peyr, J., Die Entwicklung eines Curriculums zur Ausbildung von Menschen mit besonderen Bedürfnissen zu Pferdepflegern. Diplomarbeit, Universität Wien, 2008

Poncet, P. A., et al., Überlegungen zu Ethik und Pferd – Denkanstöße aus ethischer Sicht im Hinblick auf einen besseren Schutz der Würde und des Wohlergehens des Pferdes. Bericht des Observatoriums der schweizerischen Pferdebranche, 2011

Podhajsky, A., Die Klassische Reitlehre

Sachverständigengruppe tierschutzgerechte Pferdehaltung, Leitlinien zur Beurteilung von Pferdehaltungen unter Tierschutzgesichtspunkten. BMEL, 2009

Sanders, L., Tierschutzrechtliche Problemfelder im kontemporären Pferdesport. BoD-Verlag, 2016.

Schöffmann, B., Die Dressurstunde – Trainingskonzepte für jeden Tag. Kosmos Verlag, 2015

Schrader, L., et al., Verhalten von Pferden. In: Nationaler Bewertungsrahmen. Methoden zur Bewertung von Tierhaltungsanlagen. KTBL-Schrift 446, 2006

Schweizer Verband für Pferdesport. Pflichtenheft Technischer Delegierter – Disziplin Dressur, 2020

Steinbrecht, G., Das Gymnasium des Pferdes, Reprint OLMS

Steenbergen, M., Hulsen, J., Pferdesignale – Schauen, Denken, Handeln. Rood Bont Verlag, 2012

Stodulka, R., Traditionell chinesische Akupunktur am Pferd, Sonntag Verlag, 2003

Stodulka, R., Medizinische Reitlehre, 2. Auflage, Parey Verlag, 2006

Stodulka, R. Art and Science of riding in lightness, Xenophon press, 2016

Stodulka, R., Vom Reiten zur Reitkunst, Parey Verlag, 2007

Stodulka, R., Das Phänomen Francois Baucher, Wu-Wei-Verlag 2009

Stodulka, R., Das erläuterndes Wörterbuch der Reitkunst, Olms, 2012

Stodulka, R., et. al., Medizinische Sattellehre, Olms, 2011

Stodulka, R., Pferde gesund reiten nach der Medizinischen Reitlehre, Kosmos, 2015

Stodulka, R., Lehrposter – Trainingspyramide der Medizinischen Reitlehre nach Dr. Stodulka®, Kosmos, 2015

Stodulka, R., Reitkunst im Fokus, Cadmos, 2016

Stodulka, R., Pferde gesund reiten nach der Medizinischen Reitlehre nach Dr. Stodulka®, Eigenverlag, 2020

SVS, Sicherheit in der Pferdehaltung, svs.at

Österreichisches Tierschutzgesetz

Österreichische Equidenhaltungsverordnung

Tierärztekammer Niedersachsen, Mein Pferd – Das unbekannte Wesen. 2009

Tierärztliche Vereinigung für Tierschutz, Positionspapier zu den Leitlinien Tierschutz im Pferdesport (BMEL 1992). TVT, 2014

Tierärztliche Vereinigung für Tierschutz, Positionspapier zu den Leitlinien Beurteilung von Pferdehaltungen unter Tierschutzgesichtspunkten (BMEL 1995). TVT, 2005

Tierschutz im Pferdesport. Leitlinien zu Umgang mit und Nutzung von Pferden unter Tierschutzgesichtspunkten, Bmel.de, S. 7, 8, 10, 15 ff.

Tierschutzgesetz, In der Fassung der Bekanntmachung vom 18. Mai 2006 (BGBl. I S. 1206, 1313), zuletzt geändert durch Artikel 101 des Gesetzes vom 20. November 2019 (BGBl. I S. 1626).

Thelen, A., Zusammenhang zwischen Haltungsformen, Verhaltensstörungen und Erkrankungen bei Pferden unterschiedlicher Verwendungsrichtung. Dissertation, 2014

Waters, A. J., et al., Factors influencing the development of stereotypic and redirected behaviours in young horses: findings of a four-year prospective epidemiological study. Equine veterinary Journal, 34, 2002. S. 572–579

Wrangel, C. G., Das Buch vom Pferde, 6. Aufl., Reprint Olms

Witzmann, P., Die richtlinienkonforme Verschnallung der Zäumung des Pferdes. 1. Pferdetage Baden-Württemberg, 2014

Zeitler-Feicht, M. H., Handbuch Pferdeverhalten – Ursachen, Therapie und Prophylaxe von Problemverhalten. Ulmer, 2015

# DIE EQUIDENHALTUNGS-VERORDNUNG

## MINDESTANFORDERUNGEN FÜR DIE HALTUNG VON PFERDEN UND PFERDEARTIGEN (EQUIDEN)

### 1. BEGRIFFSBESTIMMUNGEN

Pferdeartige: Esel, Maultiere und Maulesel

Stockmaß (STM): Größe eines Tieres, gemessen vom ebenen Boden bis zur höchsten Stelle des Widerristes

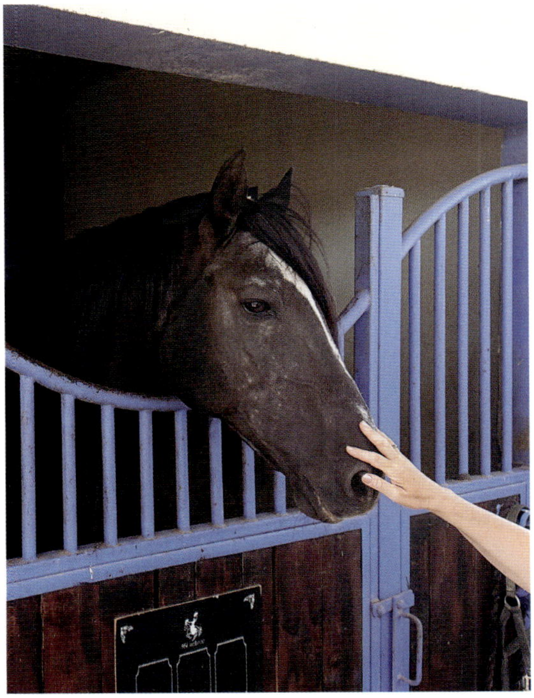

Geschwungene Gitter ermöglichen auch Hengsten Sichtkontakt zu anderen Pferden.

© Archiv Prof. Stodulka

### 2. ALLGEMEINE HALTUNGSVORSCHRIFTEN

#### 2.1 Gebäude und Stalleinrichtungen

Die Böden müssen rutschfest sein und so gestaltet und unterhalten werden, dass die Tiere keine Verletzungen oder Schmerzen erleiden. Die Liegeflächen der Tiere müssen eingestreut, trocken und so gestaltet sein, dass alle Tiere gleichzeitig und ungehindert liegen können. Boxentrennwände müssen einen direkten Sichtkontakt mit Artgenossen ermöglichen. Bei Hengsten können Boxentrennwände geschlossen ausgeführt sein, wenn sonstiger Sichtkontakt zu anderen Pferden besteht. Die Höhe der Abtrennungen muss bei Hengsten mindestens 1,3 x STM und bei anderen Tieren mindestens 0,8 x STM betragen.

#### 2.2 Bewegungsfreiheit

##### 2.2.1 Anbindehaltung

Die Anbindehaltung ist verboten.

Ein vorübergehendes Anbinden ist insbesondere zum Angewöhnen der Tiere, zum Zweck von Pflegemaßnahmen, während des Deckens und für die Dauer von sportlichen Anlässen, Tierschauen und sonstigen Veranstaltungen zulässig.

### 2.2.2 Einzelboxenhaltung

Für die Haltung in Einzelboxen betragen die Mindestmaße:

| Größe der Tiere | Boxenfläche* | Kürzeste Seite |
|---|---|---|
| STM bis 120 cm | 6,00 $m^2$/Tier | 180,00 cm/Tier |
| STM bis 135 cm | 7,50 $m^2$/Tier | 200,00 cm/Tier |
| STM bis 150 cm | 8,50 $m^2$/Tier | 220,00 cm/Tier |
| STM bis 165 cm | 10,00 $m^2$/Tier | 250,00 cm/Tier |
| STM bis 175 cm | 11,00 $m^2$/Tier | 260,00 cm/Tier |
| STM bis 185 cm | 12,00 $m^2$/Tier | 270,00 cm/Tier |
| STM über 185 cm | 14,00 $m^2$/Tier | 290,00 cm/Tier |

* Diese Fläche gilt auch für Stuten mit Fohlen bis zum Absetzen oder für zwei Fohlen bis zu einem Alter von einem Jahr.

### 2.2.3 Gruppenhaltung

Bei Gruppenhaltung betragen die Mindestmaße:

| Größe der Tiere* | Boxenfläche für das erste und zweite Tier** | Boxenfläche für jedes weitere Tier** |
|---|---|---|
| STM bis 120 cm | 6,00 $m^2$/Tier | 4,00 $m^2$/Tier |
| STM bis 135 cm | 7,50 $m^2$/Tier | 5,00 $m^2$/Tier |
| STM bis 150 cm | 8,50 $m^2$/Tier | 6,00 $m^2$/Tier |
| STM bis 165 cm | 10,00 $m^2$/Tier | 7,00 $m^2$/Tier |
| STM bis 175 cm | 11,00 $m^2$/Tier | 7,50 $m^2$/Tier |
| STM bis 185 cm | 12,00 $m^2$/Tier | 8,00 $m^2$/Tier |
| STM über 185 cm | 14,00 $m^2$/Tier | 9,00 $m^2$/Tier |

* im Durchschnitt der Gruppe

** Fressstände sind in diese Flächen nicht einzurechnen.

## 2.6 Ernährung

Die Fütterungs- und Tränkvorrichtungen sind so zu gestalten und anzuordnen, dass die Tiere ungehindert fressen und trinken können.

Den Tieren ist das der Leistung entsprechende Kraftfutter und mindestens drei Mal täglich Raufutter zur Verfügung zu stellen, sofern keine Möglichkeit zu freier Aufnahme besteht. Bei der Fütterung in Gruppenhaltung ist sicherzustellen, dass jedes einzelne Tier ausreichend Nahrung aufnehmen kann und es nicht zu Verdrängungen kommt.

Es ist stets ausreichendes, gut gelagertes und artgerechtes Futter in entsprechender Form bereitzuhalten. © Archiv Prof. Stodulka

Tränken müssen täglich auf Sauberkeit und Funktionalität überprüft werden. So stellen sie ein nicht zu unterschätzendes hygienisches Risiko dar. © Archiv Prof. Stodulka

Werden die Tiere in Gruppen rationiert oder unter zeitlich begrenzter Futtervorlage gefüttert, muss für jedes Tier ein Fressplatz zur Verfügung stehen.

Werden Tiere in Gruppenhaltung ad libitum bei ganztägiger Futtervorlage gefüttert, darf ein Tier-Fressplatz-Verhältnis von 1,5 : 1 nicht überschritten werden.

Die Mindestmaße für Fressplätze in Gruppenhaltungssystemen betragen:

| Größe der Tiere* | Fressplatzbreite |
|---|---|
| STM bis 120 cm | 60,00 cm |
| STM bis 135 cm | 65,00 cm |
| STM bis 150 cm | 70,00 cm |
| STM bis 165 cm | 75,00 cm |
| STM bis 175 cm | 75,00 cm |
| STM bis 185 cm | 80,00 cm |
| STM über 185 cm | 85,00 cm |

* im Durchschnitt der Gruppe

## 2.7 Betreuung

Bei Verwendung von Tieren als Zugtiere oder Lasttiere oder zu sonstiger Arbeit unter dem Sattel, an der Hand oder im Geschirr ist sicherzustellen, dass die Tiere ausreichende Ruhepausen haben und nicht überfordert werden. Innerhalb eines Zeitraumes von 24 Stunden ist jedenfalls eine durchgängige Ruhepause von mindestens acht Stunden zu gewähren. Bei rationierter Fütterung muss im Anschluss an die Fütterung eine Ruhepause von mindestens einer Stunde eingehalten werden.

Werden Pferde regelmäßig mehr als sechs Stunden pro Tag zur Personenbeförderung in einem Gespann eingesetzt, sind ihnen innerhalb einer Woche an mindestens zwei nicht aufeinander folgenden Tagen Ruhetage mit freiem Auslauf zu gewähren. Weiters muss sichergestellt werden, dass das Gesamtgewicht des voll beladenen Gespannes bei ebener Strecke und glattem Untergrund das Dreifache der Summe der Körpergewichte aller vorgespannten Pferde nicht überschreitet.

Dabei sollte die Arbeitsbelastung in einem angemessenen Verhältnis zur Leistungsfähigkeit des Tieres stehen. Kranke oder sonst beeinträchtigte Tiere dürfen zur Arbeit nicht herangezogen werden.

Verboten sind alle medikamentösen und nicht pferdegerechten Einwirkungen des Menschen, die beim Sportpferd gesetzt werden mit dem Ziel einer Beeinflussung über die natürliche Veranlagung, das Leistungsvermögen und die Leistungsbereitschaft des Pferdes hinaus.

Der Sattel muss Pferd und Reiter passen, um keine Schäden, Leiden und Schmerzen zu verursachen. © Archiv Prof. Stodulka

Es ist sicherzustellen, dass die Anbindevorrichtungen und Ausrüstungsgegenstände, wie z. B. Geschirre, Zaumzeuge, Zügel, Gebisse oder Sattel, die Tiere nicht verletzen können und ein ungehindertes Fressen und Misten ermöglichen. Diese Einrichtungen sind regelmäßig auf ihren Sitz zu überprüfen und den Körpermaßen der Tiere anzupassen.

Eine regelmäßige und fachgerechte Hufpflege ist sicherzustellen.

Das Clippen der Tasthaare (Fibrissen) um Augen, Nüstern und Maul ist verboten.

## 2.8 Ganzjährige Haltung im Freien

Für jedes Tier muss eine überdachte, trockene und eingestreute Liegefläche mit Windschutz in einem Ausmaß zur Verfügung stehen, das allen Tieren ein gleichzeitiges ungestörtes Liegen ermöglicht.

Pferd mit Halfter und Strick auf der Weide! Es ist verboten, Knotengitter und Stacheldraht als Einzäunung für Pferdekoppeln zu haben. Auf dem Bild ist, abgesehen von dem Umstand, dass das Pferd auch noch alleine gehalten wurde, ein sicherheits- und tierschutzrechtskonformer Supergau erkennbar. © Archiv Prof. Stodulka

Kann der Futterbedarf nicht ausreichend durch Weide gedeckt werden, muss zusätzliches Futter angeboten werden. Auch bei tiefen Temperaturen muss sichergestellt sein, dass Menge und Energiegehalt des vorhandenen Futters ausreichen, um den Energiebedarf der Tiere zu decken.

Der Boden im Bereich der ständig benützten Fütterungs- und Tränkebereiche muss befestigt sein.

Kranke und verletzte Tiere sind gesondert und geschützt unterzubringen.

## 2.9 Almwirtschaft

Sofern bei der Haltung auf Almen, Asten, Vorsäßen und dergleichen ein täglicher Weidegang erfolgt, finden die Bestimmungen hinsichtlich der Anforderungen an Ställe keine Anwendung.

## 2.10 Absatzveranstaltungen, Tierschauen und sportliche Anlässe

Für die kurzfristige Haltung während der Dauer von Absatzveranstaltungen, Tierschauen oder sportlichen Anlässen finden die Bestimmungen hinsichtlich der Anforderungen an Ställe keine Anwendung.

## 2.11 Eingriffe

Zulässige Eingriffe dürfen nur durch einen Tierarzt oder eine sonstige sachkundige Person durchgeführt werden.

Zulässige Eingriffe sind:

1.1 Die Kastration, wenn der Eingriff durch einen Tierarzt nach wirksamer Betäubung und postoperativ wirksamer Schmerzbehandlung durchgeführt wird.

1.2 Die Kennzeichnung durch Brand, sofern die Identifizierung durch diese Methode im Rahmen der nationalen Regelungen zur Tierkennzeichnung erlaubt ist.